与最聪明的人共同进化

HERE COMES EVERYBODY

湛庐 CHEERS

打胜仗的策略

打胜仗
系列

RED
TEAMING

[加] 布赖斯·霍夫曼　　著
BRYCE G. HOFFMAN

张琪　译

天津出版传媒集团

天津科学技术出版社

上架指导：企业管理／领导力

天津市版权登记号：图字 02-2020-160 号

图书在版编目（CIP）数据

打胜仗的策略 /（加）布赖斯·霍夫曼著；张琪译
. — 天津：天津科学技术出版社，2020.9

书名原文：Red Teaming

ISBN 978-7-5576-8161-6

Ⅰ.①打… Ⅱ.①布… ②张… Ⅲ.①企业管理
Ⅳ.① F272

中国版本图书馆 CIP 数据核字（2020）第 112697 号

打胜仗的策略
DASHENGZHANG DE CELÜE

责任编辑：曹　阳
责任印制：兰　毅

出　　版：天津出版传媒集团
　　　　　天津科学技术出版社

地　　址：天津市西康路 35 号
邮　　编：300051
电　　话：（022）23332377（编辑部）
网　　址：www.tjkjcbs.com.cn
发　　行：新华书店经销
印　　刷：天津中印联印务有限公司

开本 710×965　1/16　印张 17.25　字数 240 000
2020年9月第1版第1次印刷
定价：79.90元

让打胜仗的思想成为一种管理信仰

田涛

华为管理顾问

向军队学习怎样打胜仗

摆在我书桌前的 3 本书《打胜仗的思想》、《打胜仗的团队》和《打胜仗的策略》，我花了 3 天时间一口气读完了，既疲惫又兴奋。3 本书的作者包括一位美军参谋长联席会议前主席、两位美国海军陆战队前军官、一位美国空军前战斗机飞行员、一位思想反叛的学者，以及一位著名的商业记者，后者是接受过美国陆军尖端红队计划（培养批判性思维和对抗群体思维技术的课程）培训的唯一非军方人士，后来他成立了红队思维公司（Red Team Thinking LLC.），专门为各类企业提供变革咨询服务。

在人类各类组织中，企业与军队在组织层面有最多的共通性。军队与企业最本质的相同之处，在于"活下来"和"活得强大"是两者共同的底线追求。与企业相比，死亡对军队和军人而言更真实、更赤裸，也更残酷，因此，军队也是最具危机意识和最具创新力的组织。在信息技术、材料科学、医疗、大气监测等领域，最早的基础研究和技术创新大多源自军事需求，而且，军队在创新方面没有关于投入产出比的硬约束。在管理创新上，军队也历来能够因战争形态、技术革命的变化而率先进行变革。事实上，管理学的诸多理论和管理词汇都源自军事理论和军事词汇。不夸张地说，是美国空军"拯救了"哈佛商学院。第二次世界大战期间，哈佛商学院在很长时间内都曾是美国空军的管理培训基地。第二次世界大战之后，美国空军的 10 位前军官、著名的"蓝血十杰"以不到 10 年的时间拯救了濒临危境的福特汽车公司，进而在全美企业界掀起了一场管理革命，他们对当代管理学的贡献一点不亚于彼得·德鲁克。[①]

"Enterprise"一词可以被译成"企业"，也可以被译成"进取心"和"事业心"。用"Enterprise"给军用舰船命名是欧美海军的传统，叫作"企业号"的舰船有几十艘之多，法国有 20 多艘，英国有 10 多艘，但真正用"企业号"为明星舰船命名的是美国海军。美国先后有 8 艘军舰被命名为"企业号"，包括两艘航母。《美国海军战斗舰艇词典》对此的解释是：使用"Enterprise"命名是取其"勇敢、活力、精力旺盛以及在实际事务中的创造性"之意。由此可见，企业文化与军队文化在底层逻辑上具有惊人的一致性。

与之相对应的是企业家——"Entrepreneur"这个词的出处。"Entrepreneur"一词是从法语中借来的，其原意是指"冒险事业的经营者或组织者"。这个词最早出现在 16 世纪的法语中，是指"指挥军事远征的人"。显而易见，企业家与军事领导者所面临的共同挑战永远是"不确定性"，这就从根

[①] 这个故事详细记述在约翰·伯恩（John A. Byrne）所著的《蓝血十杰》一书中。

本上决定了他们的角色与使命——经营和管理风险，同时，这也决定了企业家和军事领导者必须拥有一种独特的领导力。

军队是最好的领导力学院。截至 2020 年，在美国 45 任总统中有过军旅生涯的高达 29 位，在美国 500 强企业的董事长、副董事长和总裁中也有相当比例的人曾经是军人、指挥官、高级将领。企业是美国军人首选的"旋转门"，对于这些从枪林弹雨中走出来的战士们、从惊涛骇浪中挺过来的"舰艇舵手们"来说，投身于企业，不过是从一类战场来到了另一类战场——市场。市场竞争之惨烈，之多变，一点不亚于刀光剑影的战场。

联邦快递创始人弗雷德里克·史密斯（Frederick Smith）在给《打胜仗的团队》英文版所写的推荐序中说："我们有目的地打造我们的企业文化，每位领导者接手企业都会进行一次企业文化再建。这样的模式设计源于世界上最精良的领导学院——美国军队""在美国海军学到的那些领导力原则价值千金""如果你参观过联邦快递的领导力学院，你就必然会发现我们的公司文化里蕴含着美国海军的基因"。美军参谋长联席会议前副主席、《揭开战争迷雾》（Lifting the Fog of War）作者之一比尔·欧文斯（Bill Owens）说："美军是全球最大和最复杂的企业。"

一个值得深思的现象是，美国不少管理咨询公司的创办者（比如"打胜仗系列"的作者们）、领导力训练专家（也包括商学院的领导力研究专家）都曾担任过美军将领，或是做过军人，抑或是做过西点军校和其他军事院校的教官，他们在以军事领导力的理论与实操技术熏陶和培训一代又一代的美国企业家，并推动企业的团队建设和组织变革。几乎可以断言的是，军事院校，比如中国人民抗日军事政治大学、黄埔军校和美国西点军校，才是锻造领袖、领导者的最佳熔炉，而商学院也许更适合培训职业经理人。

同样值得深思的是，美国也有一些企业家"转身"成了美军高级将领，比如，福特汽车公司前总裁罗伯特·麦克纳马拉（Robert McNamara）曾经在 20 世纪 60 年代出任美国国防部部长，2019 年初时任代理国防部长帕特里克·沙纳汉（Patrick Shanahan）曾经是在波音公司负责管理全球供应链的副总裁。

某种意义上，所有优秀企业的基因中都隐含着军事文化的元素，而优良军队的基因中也隐含着企业文化的元素。企业和军队的另一个共同点是：必须不断打胜仗。只有不断打胜仗，才能持续活下去并活得有力量。马丁·登普西将军在书中倡导：让打胜仗的思想成为一种信仰！我给这句话加了两个字：让打胜仗的思想成为一种管理信仰！

组织文化变革与打胜仗的思想

人类正在进入一个充满高度不确定性的时代。这个时代最大的特征是——数字回声①：信息秒速交叉传递，同时在秒速传递中发生扭曲；任何人每时每刻都能够杜撰新故事；一部手机就能够在任意地方掀起一场全球风暴；真相和假象、虚构和非虚构的边界模糊了。我们曾经坚信"事实是坚不可摧的东西"，但在今天，人类即将步入"事实不再可靠"的时代。

"在战场上和'商战'中真正危险的是，你自以为已经胸有丘壑，而实际上你连自己看见的是什么都没有理解。"这就是当今各类组织，尤其是军事组织和企业所面临的尖锐挑战。马丁·登普西将军和奥里·布拉夫曼的

---

① 数字回声是指随着数字技术和社交媒体的发展，信息更快速地从个人传递到个人，同时信息也时常在传递过程中变得扭曲的现象。——编者注

《打胜仗的思想》一书正是围绕着这一命题而展开的，书中有大量的精彩案例和创新性的观念，对处于迷茫与焦虑中的组织领袖、管理者来说极具启发性。同样具有启发性的还有变革类巨著《赋能：打造应对不确定性的敏捷团队》（Team of Teams），这本书的第一作者斯坦利·麦克里斯特尔（Stanley McChrystal）与马丁·登普西将军一样，也是一位美军四星上将，这绝非出于偶然。从人类几千年的组织演化史看，军队在每个时代都是变革的先锋，引领着社会和企业组织的变革。在信息技术和互联网席卷一切的新时代，美军的组织变革又一次走到了前锋位置。

　　组织变革首先是文化变革。企业管理界过去 10 多年的热门话题之一就是"组织文化"，但无论是管理学著述还是企业家们，对究竟什么是"组织文化"并没有给出一个很通透的阐述，从定义，到外延，到实践均是如此。《打胜仗的思想》赋予了"组织文化"一个简明的概念：所谓文化就是"创造一种叙事，一种包容性的叙事"，创作一部富有想象力的"剧本"，构造组织的意识形态。

　　在企业中，有两种组织文化和组织思维。一种是封闭性的循环式文化：创造财富—分配财富—创造财富—分配财富……如果组织月复一月、年复一年地如此循环往复，那么当它走到一定阶段时，就会有一大群人，包括创始人自身，陷入对组织动力和个人动机的迷茫与焦虑中，这是简陋的实用主义文化及粗鄙的现实主义文化所带来的必然结局。另一种是开放性的线性文化。组织中的"他／她"和"他们"在一个直线奋力奔跑，直线的前方是使命、理想和目标在牵引，直线的后方是一套基于人性、偏于激进的激励机制在推动，这样的组织和组织内的个体、群体，怎么可能不激情澎湃地打胜仗、一个接一个地打胜仗呢？

　　然而，这仍然是一种工业时代的组织文化，它的前提是组织中有一个先知般的领袖和一大群"无脑"的、服从型的小人物、"螺丝钉",创造叙事、剧本是少数人的天然权力,其他人只能在"万物秩序"的因果链上唯命是从。但是,时代变了,而且是从根基上变了,我们正在从数百年来的十进位时代不可逆地跨入"二进位时代",也即"计算机 + 互联网 + 大数据"时代,人类传统的思维模式、文化形态和组织逻辑都将前所未有地遭遇颠覆。

马丁·登普西和奥里·布拉夫曼开出的变革药方是:创造一个绝对包容的新型组织文化。这包括以下几方面。

◎ 大家一起"讲故事":组织应致力于上下共同来构造使命、创造愿景、共创语境,要让组织中的绝大多数人打心底里认为,我们正在完成的正是我们一起出发要去完成的事业;让人人都有归属感,一起带着成功与失败的回忆走向未来。

◎ 赋能组织中的每个细胞,同时给最基层的作战单元赋予最大、最多的决定权,从"我们决策,他们执行"的领导力模型向"我们定方向,他们决策,他们执行"的新模型大幅转变。正如马丁·登普西和奥里·布拉夫曼在《打胜仗的思想》一书中所写:"最好的主意并不经常来自组织的高层,相反,往往是前线的团队成员有着最具创意的解决方案,正是这些方案最后救了我们""领导者所需要的最重要的信息,常常来自组织的最前沿,而不是组织的中心"。

◎ 最大限度地放弃控制,敞开胸怀拥抱权力的变化,让权力从我们的指缝流向组织底层更有能力、更有饥饿感和更有成就意愿的人手中。

◎ 秒速行动,培养上上下下对行动的偏好,让更好的行动更快产生,避免行动滞缓和瘫痪。

◎ 造就普遍信任的组织文化。

◎ 构建"蜘蛛网组织加海星型组织"的新组织变种。

　　一个重塑人类组织史的巨大力量正在隐隐形成，而它首先发端于军事组织（准确地说是美军）和企业组织（以美国企业为主）之中。

打胜仗的团队与打胜仗的策略

　　"打胜仗的思想"必须建构在"打胜仗的团队"之上。什么样的团队代表着"二进位时代"——"计算机 + 互联网 + 大数据时代"的优秀团队？依据《打胜仗的团队》一书，"二进位时代"，优秀团队的定义就是：敢于创变。具体而言，就是个人和团队都要勇于迎接变化，超越自我并创造新的自我，不断释放自己的"将星"才能。

　　美军的传统名言是：要么带头，要么跟上，要么躲开！而打胜仗的团队能够大胆说出：这个我来负责！这个我来领导！虽然这很难，但我们可以搞定！这两者都折射着一个强大组织的内在灵魂与外在气质，但前者是命令式的、居高临下的、压迫式的，后者则是自发的、自主的、自觉的组织行为。这两种组织文化对一个优秀的组织来说都无比重要，但我们也必须意识到，一个超人或少数"天纵英才"发号施令的时代已不复存在，小人物们携手"众创"奇迹、共同缔造历史正在成为一种常态，无论在军事还是商业组织中，这样的革命性演变随时随地在发生，它将在某种层面上颠覆我们对传统领导力的认知。

　　首先，在打胜仗的团队中，领导力与职务和角色无关，支撑它的是勇气、意志和至高无上的奉献精神。其次，领导力的深层次内涵是：让每个人为自己负责，为依靠你的人和你所在的组织负责，为同一个组织的同一个目标负责。团队中的每个人依然是"袍泽兄弟"，但每一位兄弟既是并肩作战的战士，同时也互为领导者，所以他或她都必须拥有健康的人格——价值观与行动力协调一致；拥有可信度和责任感；拥有宽阔的眼界和饱满的自信心；拥有热忱如一的服务精神，同时能够始终如一地表达自己。服务精神是当代领导力的基础。

打胜仗的团队必须有一套锋利如刃的策略，这就是布赖斯·霍夫曼在《打胜仗的策略》一书中所系统阐述的"红队策略"。霍夫曼堪称卓越的"红队思想家"，他关于红队策略的理念、原则、方法与训练技巧主要源自美军的红队计划。美国是一个始终怀有忧患意识和自我批判传统的国家，但从 1989 年 11 月 9 日柏林墙倒塌的那一刻开始，它就走入了长达 10 年左右的"上帝之国"的幻觉时代，最具标志性的是一位时评型学者弗朗西斯·福山（Francis Fukuyama）的成名著作《历史的终结与最后的人》（*The End of History and the Last Man*）横空出世；标志之二是众多物理学家、数学家、火箭科学家等纷纷加盟基金公司和投行，使得华尔街的资本赌博游戏呈指数级地扩张和泛滥，进而在左右美国经济金融化、虚拟化走向的同时，助长全球经济的金融化、泡沫化，美国精英阶层们普遍认为，享用"和平红利"的时代降临了 [1]。

然而，"双子座"大厦的废墟让美军重建批判性思维，这就是美国陆军的尖端红队计划诞生的起因。"9·11"事件带给美军的冷峻警示是：战争没有沉没成本！打败仗的代价、遭遇失败的代价从来都是摆在眼前的，而打胜仗的代价则是自满自大。"自满自大是人性的一部分，群体思维也是人性的一部分"，人们很容易陶醉于一次或几次的胜利之中而忘乎所以，也很容易在大众的非理性盲从中失去判断力。"红队策略"就是针对人性和组织的常见缺陷而设计的一种"唱反调文化"、"唱反调机制"和"唱反调技术"。

必须承认，在组织中构建"红队策略"是一个相当困难的领导力工程，

---

[1] 详见牛津大学新经济思想研究所掌门人埃里克·拜因霍克（Eric Beinhocker）所著的《财富的起源》（*The Origin of Wealth*）一书，本书简体中文版已由湛庐文化策划出版。——编者注

但缺失了这样的策略，组织必将付出沉重的代价。以色列边防军有一个"第十人原则"：如果前面的9个人在认知上高度一致，那么第十人就必须担当起"挑错者""反对者"，甚至"破坏者"和"颠覆者"的责任。亚马逊公司有一条铁律般的原教旨文化："你唯一可以做的，就是把所有东西推翻，从零开始！""我们让某些人扮演魔鬼辩护人的角色，他们负责问所有真正难以回答的问题，他们的工作就是在我们完成的工作中挑毛病""这就是我们自始至终所做的"。但可惜的是，拥有这样DNA的企业并不多，拥有这种禀赋的企业领导者则更是凤毛麟角。

华为：一个向中外军队学习如何打胜仗的企业范例

打胜仗的组织都是相似的，而失败的组织各有各的根因。华为，一家诞生于中国的私人合伙制企业，几乎是从零起步，30年后一跃成为全球信息技术行业的领先者之一。使其快速崛起的因素有很多，包括理念创新、制度创新、技术与产品创新等，但不容忽视的最重要的一点，就是它有一支由近20万人组成的敢作战、能作战、善作战的商业军团，30多年来一路披荆斩棘、一路打败仗与打胜仗，但打胜仗的次数要远远多于打败仗的次数。并且，即使打了败仗也绝不气馁，"从泥坑中爬出来的人就是圣人"，华为的创始人任正非经常用类似的语言激励追随者们。

乐观主义是华为文化的引擎，开放是华为文化的灵魂，向世界上一切最先进的组织削足适履式地学习，是华为追赶和超越竞争对手的核心密码。IBM等西方咨询公司"教会了华为怎么爬树"，而向中外军队学管理，也在很大程度上塑造了华为的英雄主义组织气质，尤其是对标军队组织[①]进行的

---

① 比如西点军校，西点军校的管理方法和教育方式一直对华为的组织建设影响很深。

在组织文化与组织体制上的一系列变革，使得华为在成长为一个有一定历史的大组织之后，依然葆有强悍的战斗力和强大的凝聚力。美国有许多伟大的公司，比如福特汽车、联邦快递等也都从军队组织中汲取了丰富的管理营养，"你不会成为美军，但一定需要强悍如美军的团队"[①]。

华为的阶段性成功，也象征着其企业文化的胜利。使命、愿景和价值观是华为19万知识劳动者的精神旗帜，而这样的"形而上"也总能转化为一种从上到下的强大行动力和执行力，这是华为的"类军队"特质之一，也是东西方诸多成功企业的核心特质，本人在《理念·制度·人》一书中对此有系统阐述，不再赘言。这里想侧重介绍一下华为的自我批判文化和组织变革。

自我批判是一种文化自洁机制，也是一种制度化的纠偏机制，它从华为公司创立至今，一直通过多种多样的方式发挥着巨大作用，包括管理层从上到下长期坚持的民主生活会、华为全员参与的"罗马广场"心声社区、蓝军部等，某种意义上，这些都代表着一家企业在新技术时代所进行的广泛而深刻的"企业民主治理实验"，事实上，它正在内化成为华为管理者和大多数员工的"蓝军思维"（美军称之为"红队思维"）、"蓝军策略"（美军称之为"红队策略"）和"蓝军行动"。换个角度看心声社区，也可以称之为华为的"红蓝军靶场"，公司几乎所有重大决策、决定、高管（包括任正非）的讲话、中高层管理者的某些管理动作和行为作风等，都会被置于华为19万人的舆论监督之中，被抨击或赞扬，被否定或肯定，而它的掌舵人任正非则直言：表扬华为的我不看，我只看骂华为的……事实上，华为集团层面的"蓝军参谋部"的唯一职能就是"唱反调"，这几年，蓝军部向公司高层输出了一批高质量的"唱反调"报告。

———————————

① 引自《赋能》一书封面文字。

　　心存畏惧，则会保持警觉，并不断进行自我革命。正如布赖斯·霍夫曼所言：使用红队策略赢得一切竞争。换成华为的表达：运用自我批判（蓝军策略）赢得持续成功。

　　马丁·登普西将军在秘密视察美军一个前沿阵地时，一位上尉军官向这位陆军上将推荐了一本书：《海星式组织》(The Starfish and the Spider)，并且解释说，"如果砍掉蜘蛛的头，蜘蛛就会死。但如果砍掉海星的胳膊，它还会长回来""与海星搏斗得越剧烈，海星就会变得越分散，从而也就变得更具弹性和适应性"，上尉的话给了将军很大启发，并促使他不但研读了《海星式组织》，而且与这本书的作者奥里·布拉夫曼进行合作研究，《打胜仗的思想》一书就是他们的研究成果结晶。

　　无独有偶，从 2009 年开始，华为以"简化管理"为核心的组织变革也在同一个思想维度上展开：让听得见炮声的人指挥炮火；眼睛对着客户，屁股对着老板；一切为了前线，一切为了胜利；做强子弹头……尤其是合同在代表处审结的变革试点，其观念与操作方式与美军在信息技术背景下的组织变革有诸多相似之处：中心化的权力正在导致我们的世界变得更危险；领导者的专长在于定方向和定战略，而不是控制和告知；决策速度、执行速度和应变速度决定生死成败；向下充分放权，赋能并赋权于基层的每个细胞……

　　任正非这两年经常讲到"八爪鱼"——"八爪鱼的每个爪都是一个小脑"。八爪鱼与海星在生物机理上非常相像。看得出来，华为今天和未来的变革方向，是在谋求创造一种蜘蛛网与八爪鱼相融合的新组织变种。这将是华为战胜大企业病的一种激进尝试，而登普西将军的《打胜仗的思想》也许能够对包括华为在内的许多大企业带来启迪。

对"打胜仗系列"的阅读建议

领导者、管理者们在阅读"打胜仗系列"的 3 本书时，应该反思和讨论以下问题：

◎ 我们如何保持团队中的每个人对打胜仗的饥渴？

◎ 我们如何保持每个组织单元对打胜仗的信念？

（一艘破船可能让整个舰队全军覆没）

◎ 我们如何让团队始终保持精悍、灵活、快速反应？

◎ 我们如何保持整个组织对打胜仗的激情？

◎ 我们如何战胜许多大公司的自满诅咒症？

◎ 我们如何能够在每一次无路可退时趟开一条胜利之路？

（每个伟大的组织都在其历史上有过无数次绝境逢生的经历）

◎……

总之，"打胜仗系列"是关于新技术时代的领导力原则和组织变革的一套新观念丛书，也是关于在变化与动荡的时代个人与组织如何赢得成功的一套操作指南。丛书策划者将 3 本书的主旨提炼成"打胜仗系列"，既把握住了以军人作者为主的 3 本书的精髓，又简洁有力，具有穿透力。军事理论与军事用语总是能够切中肯綮，对以效率和执行力为灵魂的企业和企业家们来说，显然更有实际价值。任正非在回答 CNBC（美国消费者新闻与商业频道）记者关于华为为什么经常使用一些军事用语的问题时说："因为（军事词汇）很简单，没有好的名词来形容，就用了这些名词。"相比而言，商学院发明的一些管理理论和术语与复杂多变的企业实践相比，似乎总隔着一堵雾墙，也许这就是学术之为学术的原因吧。

我们需要红队

> 知彼知己，百战不殆；不知彼而知己，一胜一
> 负；不知彼，不知己，每战必殆。
>
> ——《孙子兵法》

2015 年 3 月，一个清冷的早晨，我开着车，缓慢穿过人工凿砌的高高石墙，驶入堪萨斯州利文沃斯堡军事监狱那扇威严的铁门。"让 ××× 去利文沃斯堡碎石头"，这绝对不是一句玩笑话。一个多世纪以来，这里一直是美国军方惩罚内部败类的地方。1875 年，军队把第一批囚犯驱赶到这片边境地带，逼着他们就地取材，囚犯们亲手用石头给自己建起了这座监狱。那场景就像卡夫卡小说的情节一般流露着荒诞而残酷的气息。名义上，这里被称作"美国纪律训练营"，但其实一直是军方最高安全级别监狱。直到有人提出，这样的监狱就算是用来惩戒穷凶极恶之人也过于严酷，它的原始使命才"寿终正寝"。2002 年，监狱

的主体建筑被拆除，囚犯被转移到远处一所现代化的、由钢筋水泥筑成的监狱。老监狱的原址，已被新鲜的黑色沥青覆盖，变成了停车场。监狱的其他部分，包括围墙、警卫塔、医务室和车间等，则被保留下来。这些建筑有的被改作办公室；另外的一些，包括用来放置绞刑架的石头房子，则变成了教室。过了冗长的安检，我拿着全新的门禁卡在 104 教室门旁的读卡器上刷了一下，打算尽量不惹人注意地溜进去。

但当你发现自己是一屋子士兵当中唯一的平民时，你就会知道，不被关注是非常难的。

教室里已经有十几名学生，都穿着军队的制服。我推门进去时，所有人齐刷刷地回过头来，用怀疑的眼神盯着我看。他们当中，有 11 位是陆军少校，或即将晋升为陆军少校。还有一位空军情报官。这些人身经百战，许多人左胸佩戴着的"作战行动徽章"，证明着他们的过往。有几位佩戴着华丽的"伞兵徽章"，神态骄傲。还有一位"绿色贝雷帽"（美国陆军特种部队队员），面前摆着一台笔记本电脑。一张巨大的 U 形桌子几乎占满了整间教室，椅子沿着桌子外缘依次排列。每个座位前面都有一张名片。我的卡片上写着"霍夫曼先生"，其他的都是"某某少校"。

我正要落座，坐在我左边的军官开口道："你一定是位重要人物。"

"向你保证，我不是。"我说。

"要不然你为什么穿成这样？"他盯着我的羊毛运动外套和宽松长裤。

唯一和我同样打扮的，是我们的教练，凯文·本森（Kevin Benson）博士。这位高瘦的绅士，留着白色的胡子，这让他看上去像个边防警察。但实际上，本森是位退休的上校。感觉上，我就像着装不得体地闯进了一个和我毫无关系的聚会。**然而，只有在这里，我才能学习红队——一种对战略进行测试和应对不确定性未来的革命性方法，一种帮助组织打胜仗的策略。**

我第一次知道红队，是通过一部电影，在那部电影里，以色列边防军通过设定"第十人原则"（Tenth Man Doctrine），保障了自己国家的安全。**"第十人原则"是指，如果对于同一信息有 9 人都得出相同的结论，反对就成了第十人的职责。不管看起来多不可能，第十人必须假设其他 9 人都是错的并重新进行思考。**

———◆———

那部电影对我有很大的启示作用，看过那部电影之后，我花了大量时间来思考企业如何更好地制定战略，克服群体思维，克服困扰着很多大公司的自满诅咒症 [1]。

两年之前，我写了《统一行动》（*American Icon*）。它成了一本畅销书，美国和其他国家的一些 CEO 已将我的书视作一本全新领导力手册——利用一种前瞻性的以数据为导向的管理方法，穆拉利不仅救了福特，还救了波音公司。很多 CEO 想更多地了解穆拉利的管理方法，还有几位请我帮他们在企业中实施这些方法。我很快发现，帮助企业解决问题与仅仅写出这些问题相比，是一种更令人兴奋的谋生方式。所以做了 20 年商业记者后，我辞去了《底特律新闻报》（*Detroit News*）的工作，开启了管理顾问的职业生涯。

---

[1] 自满诅咒症（Curse of Complacency），指在获得成功或取得优胜地位后，因骄傲自满或思维固化而难以再次取得成功的现象。——编者注

我知道穆拉利的这套管理方法行之有效。我目睹它拯救了福特汽车公司，我也利用它帮助几家公司实现了业务上的巨大改进，但是我担心仅靠这套体系还不够。我不是唯一有这种担心的人。亨利·福特的曾孙、福特汽车的执行主席比尔·福特告诉我，仍有一种恐惧让他在夜里无法安睡：福特汽车可能认为新的成功理所当然，进而失去了穆拉利如此精心磨炼出的优势。是的，穆拉利已将福特汽车从破产中拯救出来，使它实现了空前的利润水平。是的，他也调整了福特汽车过于严苛的企业文化，并用合作型的团队管理体系取而代之。但是比尔·福特比所有人都更清楚，这家公司曾大肆挥霍过自身的优势，他担心历史重演。

"这件事一直在我脑中盘旋，"比尔·福特告诉我，"我们怎么样才能不走老路？我们如何保持精悍和对成功的饥渴？我们如何不断促进创新？"

穆拉利的管理方法要求高管们不断审视自己的计划和假设。然而我知道，对于身居高位的人们来说，这些计划和假设的有效期越长，对其提出质疑就越困难。自满自大是人性的一部分。当一切进展顺利时，大多数人会倾向于认为他们会继续一帆风顺。群体思维也是人性的一部分。我们是社会性动物，我们对从众和凝聚力的重视程度超过了大多数人的想象。特别是在大型组织中，在内部政治斗争中正确地站队，通常是工作稳定和晋升的关键。很多人觉得福特汽车这样的大型跨国企业本质上是反人性的，但作为记者，我花了足够的时间来了解这些组织，它们实际上是放大了人性，甚至到了令人不安的程度。

让福特汽车陷入困境的首先是自满情绪和群体思维。与老对手通用汽车和克莱斯勒一样，福特汽车也将其在第二次世界大战后数十年的成功当作理所当然。管理层和员工都认为成功是一种与生俱来的权利，而不是每天都要孜孜以求的东西。甚至在国外竞争对手已经找到击败美国汽车厂商的办法之后，底特律三巨头仍然相信，他们生产的乏善可陈的汽车还具有竞争力。这种自我妄想从董事会一直延伸到工厂车间，制造这些汽车的男女老少都错误地认为，他们的工资和福利不受经营周期和全球化压力的影响，他们的工作是"铁饭碗"，直到一场大萧条彻底将底特律从幻想中惊醒，粉碎了美国汽车制造商们大而不倒的信条。

对于福特汽车来说，幸运的是穆拉利在大潮涌至之前及时赶到。他强迫公司对产品和做法进行了严格的检查，并在全球金融体系瘫痪之前借了足够的资金来解决这些问题。通用汽车和克莱斯勒就没有那么幸运。他们破产了，只能等着美国纳税人的钱来让他们复活。多亏了穆拉利的领导，福特汽车自己救了自己。但问题是，它还能自我维持多久？

因为写了这本关于福特汽车的书，当穆拉利的退休临近时，我被问到很多问题，围绕他的继任者，人们也生出许多猜测。我知道他所建立的系统能够使福特汽车保持在正确的轨道上。但前提是，这家公司在使用这套方法时要能够像穆拉利所坚持的那样，做到不容一丝妥协地诚实。穆拉利有效地缓解了这家公司长期以来的自满情绪和群体思维，但我怀疑这些顽疾并没有被彻底根除。我很想知道如何才能解决这些现实的商业弊病。

在报道底特律的汽车业之前，20 世纪 90 年代的大部分时间，我都在报道硅谷的高科技产业。在那里，人们提到红队时，常常是指一些被叫作"白帽子"的黑客，硅谷的公司支付报酬给他们来入侵自己的计算机网络，以求暴露存在的漏洞，从而在更邪恶的"黑帽子"黑客发现这些漏洞之前把它们修补好。这些红队被大量使用来保护敏感的计算机网络和存储在上面的数据。

事实证明有很多不同类型的红队。除了我在硅谷遇到的"网络安全红队"之外，还有各种各样的"漏洞测试红队"，专门检查从政府秘密设施到企业研发实验室的物理安全情况。例如，美国国土安全部红队让携带假炸弹的"间谍"去过机场安检，看交通安全管理局的检查员能否抓住他们（常常是不能的）。军事和商业战争玩家都使用"威胁模拟红队"来代替敌方，敌方可能是一个流氓国家，也可能是一个竞争对手公司。最后，还有"决策支持红队"，他们使用批判性思维和逆向思维进行压力测试，考验各种战略、计划和理论。在做了进一步的了解之后，我相信这种红队正是企业所需要的用来消除群体思维和自满情绪，以在快速变化和日益不确定的世界中打胜仗的红队。

———— ◆ ————

以色列人可能是第一个看到红队潜力的，但不是最后一个。2001 年 9 月 11 日的恐怖袭击事件，以及随之而来的灾难性战争，使美国的军事和情报机构受到沉重的打击，促使他们寻求新的思维方式和分析方法。

对于美国的将军和间谍头目们来说，这是一个令人警醒的时刻。过去在国际战争中取得的胜利令他们相信，美国在技术上的优势和对信息的掌握将确保美国国内的安全。但"双子塔"大厦的废墟令他们发现自己错得有多离谱。

美国情报机构和军事规划者们决心通过更深入地思考和质疑美国在全球面临的挑战和机遇，来避免在今后犯类似的错误。为此，他们开始收集各种批判性思维和对抗群体思维的技术，组织红队负责使用这些技术来评估其战略和计划。这些红队很快帮助华盛顿对情报进行重新解读，并对现行的作战战略提出质疑。

这些红队所提供的精辟见解和冷静分析，不仅在美国，而且在全球各地引起了许多人的注意。美国将红队报告与盟军分享，其他国家也看到了这种逆向策略的价值，纷纷迅速效仿。英国、加拿大和澳大利亚很快就建立了自己的红队。

在这个过程中，他们从美军在利文沃斯堡的尖端红队训练计划中寻求启发和指导。后者已成为红队培训的黄金标杆。连美国海军陆战队都派出军官去那里接受训练。美国国土安全部、美国海关与边境保护局、美国缉毒署等机构也纷纷派人前往。要了解红队的一切，这正是我应该去的地方。除了在政府和军队任职，没人可以参加美国陆军的全部红队课程，但我决定做第一个。

我打电话给五角大楼，询问是否可以报名。

———◆———

不出所料，军方最初的答复是：不行。但是，20 多年的记者生涯教给我的最重要的一件事，就是永远不接受"不行"这个答案。所以我直接找到该计划的负责人——退休的陆军上校史蒂夫·罗特科夫（Steve Rotkoff）。他是在 2004 年最先提出建立"决策支持红队"的人之一，据说他是红队最热忱的传道者。如果军方有人愿意帮助我，我肯定会是他。

我打电话给罗特科夫之前，已经阅读了关于红队的一切，包括罗特科夫协助撰写的《美国陆军红队实用手册》（U.S. Army Red Team Manual）。读得越多，我就越发确信军方弄出的这套东西的商业价值。这套系统的策略，将批判性思维和逆向思维变成大型组织规划和决策过程的一部分。如果它对军队这样等级森严的官僚机构都能奏效，就一定可以用于企业。当我和客户以及一些我认为有智慧的公司高管们讨论红队时，他们和我一样兴奋、充满好奇。

"你什么时候可以开始教我们怎么做？"一位 CEO 问我，当时我甚至还没搞清楚红队到底是什么，"我们现在就需要红队。"

我从来没有遇到过一个想法能够这么快引起这么多人兴趣的情况。但是，真正促使我相信红队可能真的能够改变整个商业游戏规则的，是我在亚马逊和谷歌的熟人对它的反应。

亚马逊和谷歌以颠覆整个行业著称。其他公司也密切地关注它们，急于了解它们成功的秘诀。当我向谷歌和亚马逊的朋友们介绍红队时，他们都说了同样的话：这听起来很熟悉，很像我们做事的方式。

"我们不叫红队。事实上根本就没有名字，"我的亚马逊高管朋友说，"但是，你描述的很多内容，都是我们内部规划过程的一部分。我们一直这样做。这正是杰夫·贝佐斯（Jeff Bezos）灌输给我们的想法，他从一开始就让这种想法成为我们 DNA 的一部分。这也是我们能够有效地研究和借鉴其他公司成功经验的重要原因。其他公司，尤其是那些老牌企业经常问我他们怎么能更好地向亚马逊学习。我不知道该怎么回答。我的意思是，我不想像个混蛋似的告诉他们：'你唯一可以做的，就是把所有东西推翻，从零开始，因为这就是我们自始至终所做的。'但这就是我至今能想到的最好的答案了。听起来你找到了一个更好的答案。也许红队能让这些公司学会像我们那样思考。"

我告诉罗特科夫企业人士对红队表现出的热情。我告诉他，对于那些面对着 21 世纪的新对手、新科技和新商业现实而努力挣扎的企业而言，红队是多么重要。我告诉他我想写一本书，用企业可以理解的语言来解释红队，这样这些企业就可以开始利用这种策略来应对那些机遇和挑战。我还对罗特科夫说，每个和我聊过红队的人，都告诉我他的学校是这个世界上学习这种革命性策略的最佳选择。

罗特科夫表示愿意尽他所能帮我。

"让我打几个电话。"他说。

◆

在任何人看来，史蒂夫·罗特科夫都不像是一名军官。这位犹太裔纽约人中等身材，腰围略粗，眉毛浓密，操着一口浓重的布鲁克林口音。他的孩子们说他是霍默·辛普森（Homer Simpson）和维托·科里昂（Vito Corleone）[①]的合体。

"我显然没有 G.I. Joe[②] 那种范儿，"他承认，"我也不喜欢粉饰任何事物。"

罗特科夫 1955 年出生于弗拉特布什（Flatbush）。他的父亲在广告狂人时代经营着一家广告公司。公司很小，只有五六个员工，一家的生计都取决于广告生意好坏。在罗特科夫 12 岁的时候，他父亲的生意很好，一家人搬离了布鲁克林，住到了哈得孙河畔克罗顿（Croton-on-Hudson）。但是在他决定上大学的时候，他父亲的生意情况变得很糟糕。

"你是个聪明的男孩，"刚上高中时，罗特科夫的父亲对他说，"争取拿奖学金。"

第二天，一名西点军校的学生出现在克罗顿哈蒙高中，为这家美国军事学院做宣传。当罗特科夫得知西点军校不但免学费，还付薪水给学员时，他问该如何申请。当他被录取时，父母松了一口气，家里其他人却为他惋惜。

他的家里人质问他："你为什么要跑去当哥萨克（Cossack）？！"他们

---

① 霍默·辛普森是家庭喜剧片《辛普森一家》（The Simpsons）中的"父亲"，是个头脑简单、脾气暴躁但深爱家庭的人物；维托·科里昂是电影《教父》（The Godfather）中的黑手党科里昂家族首领，同时也是许多弱小平民的保护神。他不轻易发怒，却有慑人的威严。——编者注
② 美国特训特种敢死队的代号，使命是维护人类的自由与安全。——编者注

口中的哥萨克，是指把他的家人赶出了家园的非正规军。所以他们对所有军人都充满蔑视和恐惧。罗特科夫向亲戚们保证，他无意成为哥萨克，他有自己的计划：他会去西点军校待两年，攒着薪水，然后在服役前转到平民学校去；接着他会去读法律，最后在曼哈顿一家体面的公司找一份好工作。

"不幸的是，在你加入西点军校后，他们会对你做出强大的宣传攻势。他们提醒你，上哈佛还可以转学，但在西点，你只有退学。这个策略非常有效，因为大多数报名西点军校的人，都不是轻言放弃的人——我也不是，"罗特科夫回忆说，"我告诉家人说，我最多去服役 5 年，把我欠军方的债还上；然后就会辞职去读法律，当律师。但当我成为军官时，我发现自己真的很喜欢这份工作。"

罗特科夫的第一位上司，杰克·雅各布斯（Jack Jacobs）少校，也是一位来自布鲁克林的犹太人，有着和罗特科夫同样的讽刺幽默感，他对罗特科夫的帮助很大。雅各布斯碰巧也是第二次世界大战后仅有的 3 位获得美国国会荣誉勋章的犹太人之一。此外，他还获得过两枚银星勋章、3 枚铜星勋章和两枚紫心勋章。雅各布斯成了罗特科夫的导师，并向他证明，当兵也一样能功成名就。

罗特科夫在军事情报领域找到了自己的位置。在那里，他的敏锐才智得到了发挥，他的尖酸刻薄也得到了容忍。作为一名成功的情报官，罗特科夫从"山姆大叔"那里拿到了 3 个硕士学位。军方甚至把他送到了美国高级军事研究学院，那里的精兵毕业生们被称为"绝地武士"。"9·11"事件发生时，罗特科夫已经官至上校，并在得克萨斯州胡德堡的第 504 军事情报旅担任总指挥。在战争中从事情报分析工作的经历让罗特科夫意识到，军方必须建立一个系统性策略，去挑战其做计划、做决定甚至思考的方式，以尽量避免因战略失误而导致的失败。

在这种意识的驱动下，罗特科夫帮助军方创造了一套全新的策略，这种革命性的新策略，军方称之为"红队策略"。

———◆———

2015 年 2 月，罗特科夫电话通知我，我必须在一个月内到利文沃斯堡报道，开始我的红队培训。

"我终于找到了能给我开批准条的律师，"罗特科夫笑着为突然发出的临时通知道歉，"军队里批准一件事总要等很久，但一旦批准，接下来的一切都会很快。"

在接下来的 4 个星期里，我可有事做了。罗特科夫不仅设法让我加入了红队项目，而且进入了红队领导力课程，这个课程负责训练领导军队红队的军官。这意味着我要在美国的外国军事和文化研究大学（University of Foreign Military and Cultural Studies，也被称为红队大学）接受为期 3 个月的培训。

"我必须提醒你，这是一个节奏非常紧张的项目，"在我出发去堪萨斯州之前，罗特科夫告诉我，"我们鼓励学生真正质疑自己，挑战自己的思维，批判性地反思自己的经验。许多人都将得到一些非常深刻的体验，毕业时，大部分人也会被重新部署。所以这可不是一般的研究生研讨会。"

确实不是，而且比研讨会好多了——当每个人都习惯了他们当中混入了一个平民之后。

———◆———

第一天低调入学的计划失败后，我很感激本森博士没有浪费时间，直接开始上课。我的同学们根本没时间花在我身上，很快专注在"课堂 R.O.E."

上了。据坐在我旁边的少校介绍，所谓"课堂 R.O.E."，也就是课堂互动规则（Rules of Engagement）。在接下来的几个月里，他花了很多时间为我翻译一些军事术语缩写。在后来的介绍中我了解到，这些男人——和一个女人——亲眼见证过促使军队开发红队计划的那些失误。他们知道了这些失误给国家带来的惨痛损失，其中一些人也为此付出了沉重的代价。对于这些人来说，战争没有隐藏成本；他们清楚一切损失，还要亲自买单。他们与四肢发达的美国特种部队大兵形象相距甚远。他们怀疑、批判和分析。换句话说，他们是理想的红队队员人选。

当轮到我介绍自己的时候，我告诉他们我是如何对红队产生兴趣的，我认为红队策略对企业具有巨大的价值，并且我希望与更多人分享它的秘密。我请求他们允许我录下课程。没人反对。那天晚些时候，当我们在基地图书馆借阅教材时，班上的一位情报官拍了拍我的肩膀。

"你的故事很有趣，"他带着顽皮的微笑说，"以前是记者，现在是商业顾问。这完全就是个间谍故事啊。"

"该死！"我让他小声点，"我还以为你们都被我骗了。"

大家都笑了起来，我知道自己对进入这个课堂的恐惧是完全多余的了。第二天，同学提议所有学员在接下来的 3 个月内不穿制服，以便让我感觉更舒服。

我确实感觉很舒服。同学们不仅接纳了我，有几个人还成了我的好朋友。在接下来的几个月里，我对他们有了很深入的了解，他们的独特视角帮助我进一步体会和理解了红队如此有价值也如此必要的原因。我们的夜间阅读作业平均超过 200 页。我们读了丹尼尔·卡尼曼（Daniel Kahneman）和加里·克莱因（Gary Klein）等知名学者关于人类思想和决策的心理学书籍。我们研究了前情报人员，如小理查兹·霍耶尔（Richards J. Heuer, Jr.）和摩根·琼斯（Morgan Jones）等人编写的情报分析手册。我们读了各种人类学、宗教和历史书籍。当然，我们还要研究作战计划，了解卡尔·冯·克劳塞维茨（Carl von Clausewitz）和安托万 - 亨利·乔米尼（Antoine-Henri Jomini）等人的军事经典著作，阅读许多作家如迈克尔·刘易斯（Michael Lewis）和彼得·圣吉（Peter Senge）的商业管理书籍。正如我所预想的，商界可以从军方学到很多东西，军方也已经意识到他们同样可以从商业领域中学到很多东西。

———— ◆ ————

培训中途，我接到了艾伦·穆拉利打来的电话。他想知道我在他的家乡堪萨斯州做什么，我告诉他，我和利文沃斯堡的军人们在一起。我告诉他红队和军队为更好地制订计划和战略所做的努力。

"这是我的管理体系的核心：不仅仅要着眼于风险，还要着眼于寻找机会，并将其内化到公司的运营节奏中，以便高层领导团队时时检查，"他告诉我，"因为竞争对手在变化，技术在变化，没有终点。你总是需要制订更好的计划来服务客户并拓展业务。"

穆拉利于2014年夏天从福特公司退休，之后，他一直在美国各地旅行，并与许多国家顶级公司的 CEO 进行交流，这让他更加相信，企业需要受到严谨的质疑和检验。

"这是一件令人兴奋的事情，一种健康的做法。如果你能对你所从事的工作进行严谨的质疑和检验，就不会带着焦虑从睡梦中惊醒，而现在很多人都被这种焦虑困扰，"他说，"现在，每个人都在寻找下一个优步。每个人都担心被颠覆。但是与其担心，为什么不提出好问题，并把它作为公司日常经营的一部分呢？"

我告诉穆拉利这正是红队策略的全部，并分享了自己从军中学到的一些工具和技术。

"这种策略至关重要，"穆拉利说，"我看到的那些全球领先企业，永远不会满足于当下。他们总是在寻找更好的计划。他们从不满足于今天的产品和服务。红队策略和我的'一起工作'管理体系结合起来将会让企业变得非常强大，让企业面对竞争无往不胜，打赢每一场硬仗！"

———◆———

我们于 2015 年 6 月毕业。与其他同学一样，我收到了美国陆军颁发的红队领导者证书。不同的是，我回到了密歇根州，而他们则去了某个秘密地点报到，接受新的任命。但我会继续研究红队，并进行相关的教育工作。

我到美国海军陆战队学习，与英国国防部和北约组织的红队思想家进行了交流。我找到那些在情报界做了开创性工作的人们，以及其他政府部门的红队队员。我见到了认知心理学家，他们的工作为红队提供了科学基础。我与那些开始使用红队策略来更好地规划未来，更好地制定决策，甚至更好地选择投资的企业高管们交谈。与此同时，我开始与客户一起使用红队的工具和技术，帮助美国和其他各国的企业改进规划和战略决策。在这个过程中，我改进了从军队和情报界学到的方法，调整了这些技术，以满足商业的独特需求，并把它们和企业已经在使用的新工具结合在一起。

这本书反映了所有这些学习的成果。最重要的一个结论是：红队策略是有效的，是真正帮助企业打胜仗的策略。它适用于加州小型科技创业企业，也适用于日本的主权财富基金；它适用于传统老牌企业，也适用于颠覆性创新者；它适用于非营利性组织，也适用于对冲基金。只要你愿意，它同样适用于你的企业。

目 录

RED TEAMING

第 1 章

发现隐藏的威胁，
红队的起源

测一测你对红队策略了解多少

1. "红队"一词最早来源于哪里？

   A. 来自普鲁士军队的作战模拟
   B. 来自互联网公司的黑客攻击模拟
   C. 来自以色列的"第十人原则"
   D. 来自美国红队大学

2. 下面哪一项较为准确地概括了成立红队的初衷？

   A. 提供逆向分析，挑战作战概念，在真正的对手行动之前自查弱点
   B. 通过打造群体思维提升组织凝聚力
   C. 保持精悍和对成功的饥渴
   D. 挑战领导层的权威，使其放弃权力

3. 红队有很多不同类型，企业用来对战略计划进行压力测试，以消除群体思维和自满情绪的是：

   A. 网络安全红队
   B. 漏洞测试红队
   C. 威胁模拟红队
   D. 决策支持红队

4. 在红队策略变得成熟之前，一些组织做法就已经与红队有异曲同工之妙，下列哪种做法不在其中？

   A. 以色列成立魔鬼辩护人办公室，撰写与决策层主流意见相反的论文
   B. 美国中情局成立"红细胞"团队，以逆向思考挑战情报界的传统智慧
   C. 以色列根据过往经验预测埃及和叙利亚的作战方针，并决定按兵不动
   D. 亚马逊"不停将内部规划推翻出来"，并将此作为组织 DNA 的一部分

扫码下载"湛庐阅读"App，
搜索"打胜仗的策略"，
获取各章测试题答案。

　　失败只是重新开始的机会，而这次你会更加明智。

——亨利·福特

群体思维带来军事灾难

　　1973 年，数百架埃及喷气式飞机冲至以色列上空，轰炸以色列的空军基地和指挥所，并用火箭点燃了以色列的空军弹药库。同一时刻，叙利亚伞兵对以色列赫尔蒙山（Mount Hermon）地区发动了突袭。叙利亚炮兵在沿着戈兰高地延伸的以色列防御线投下炮弹。以色列坚守阵地一个晚上，但第二天早上还是被叙利亚突破了。10 月 7 日凌晨，当第一批叙利亚坦克爬上了能够俯瞰加利利海的山顶时，以色列国防部长摩西·达扬（Moshe Dayan）开始命令他的将军们准备炸毁约旦河上的桥梁，然后致电当时的以色列总理果尔达·梅厄（Golda Meir）。

"第三圣殿正在倒塌。"达扬告诉梅厄。这是一句暗号，意味着以色列的败北。

有报道称，梅厄当时的反应是允许达扬启动该国的核武库，组装了十几枚核弹。以色列就算被毁灭，也要拉上整个阿拉伯世界一起。但是埃及和叙利亚的军队在以色列的核弹发射命令下达之前，进攻速度慢了下来。战争延续到联合国停火令生效。10月25日，停火协议签订。

"斋月战争"之后，以色列政府成立了由该国最高法院首席法官希蒙·阿格拉纳特（Shimon Agranat）领导的特别委员会，想要弄清楚为什么这种大规模军事行动的意图和准备工作没有被及时发现。委员会很快发现，进攻者根本没做什么准备工作。

以色列军事情报机构阿曼（AMAN）已非常清楚叙利亚和埃及的军队部署。阿曼领导人伊莱·蔡拉（Eli Zeira）向梅厄和她的幕僚定期汇报，包括进攻发生前几天两国的最新事态发展。约旦国王侯赛因·塔拉勒（Hussein Talal）甚至亲自乘直升机飞到特拉维夫警告这位总理，她面临的将是一场前所未有的入侵。然而，包括梅厄自己在内，梅厄的国家安全小组成员们对这些部队的剑拔弩张并没有给予足够的重视。

以色列知道，埃及已经在9月27日开始召集预备队。埃及广播电视网络都报道了这一消息。与此同时，沿着叙利亚边界巡航的以色列飞行员发现，足足有两千辆坦克沿着边境驶入前沿阵地。然而，梅厄和她的内阁认为，埃及和叙利亚只是虚张声势，给以色列施压，为的是要回在上次战争中失去的土地；他们曾经玩过类似的把戏，而对这种吓唬人的行为做出反应，对国民而言代价太高，毫无必要。

以色列自己的间谍机构摩萨德（Mossad）也做出了同样的判断。9 月 30 日，摩萨德告诉阿曼，根据可靠情报，埃及所谓的公开演习，将最终越过苏伊士运河。蔡拉把所有这些报告都斥为 "毫无根据"。他向梅厄和内阁其他成员保证，埃及和叙利亚知道以色列可以在一天内让他们溃不成军。

10 月 2 日，埃及媒体报道，该国军队已处于全面警戒状态。然而，在 10 月 3 日的以色列内阁会议上，蔡拉仍然对梅厄说，发生战争的可能性 "很低"。

10 月 5 日凌晨，摩萨德最出色的间谍致电他的老板，说出了暗号 "萝卜"（Radish），意味着战争一触即发。摩萨德的主管很担心，亲自飞往欧洲与该人士会面确认此事。确认之后，他直接联系了蔡拉，告知后者接下来将发生什么。梅厄在当天早上非常不情愿地让以色列国防军提高警戒，却没有召集预备役部队。这点非常关键，因为以色列的常备军规模非常小，国防战略主要依赖于迅速激活其庞大军备的能力，这个储备包含当时以色列处于战斗年龄的所有犹太男人和女人。梅厄内阁决定继续监测事态发展，先不动用这些预备役部队。

10 月 6 日凌晨 4 点，摩萨德电话通知蔡拉，他们在埃及的情报人员提供了埃及发动袭击的准确时间：当天下午 2 点。早上，果尔达·梅厄与她的军事顾问们会面，他们终于一致认为战争是可能发生的。在只剩下几个小时的情况下，梅厄才下达了召集预备役部队的命令。

阿格拉纳特委员会将这些巨大的情报失误归咎于所谓的"概念"(The Concept)。"概念"是 1967 年阿以战争中以色列大获全胜的产物。那次胜利使这个国家的军事领导人对自己的能力过分自信,对敌人不屑一顾。后来以色列情报工作的成就也导致他们相信,他们已经确切地了解了埃及和叙利亚的想法。根据"概念",埃及和叙利亚想的是:

◎ 由于以往在战争中受以色列空军打击,损失惨重,埃及不会试图再次入侵以色列,直到他们确认自身空军能力占据绝对优势。

◎ 叙利亚永远不会单独攻击以色列;它只会与埃及合作,让以色列不得不在两条战线上作战。

6 年来,"概念"已被证明是对的。是的,以色列与邻国发生过孤立的军事冲突,但埃及和叙利亚却从未真正发起过进攻,虽然嘴上嚷嚷一定会这么做。结果,一个理论开始变成公理——公理是不证自明的,任何质疑都会显得很愚蠢。所以即使在强有力的证据面前,人们也不再质疑"概念"。正如美国海军战争学院国家安全事务教授戴维·T. 巴克沃尔特(David T. Buckwalter)后来所写的:

直到 1973 年 10 月,"概念"一直是"被证实了的"。人们假设,埃及不会在空军力量处于劣势的情况下发起战争,而叙利亚不会单独作战。因此,尽管以色列人意识到叙利亚正在准备采取某种军事行动,但按照"概念"原则,叙利亚不会进攻。

但"概念"有一个问题。它认为埃及能控制天空的唯一方法是拥有一支更强的空军。以色列人不知道的是,埃及人已经放弃了这个想法。相反,埃及接受了一种新的军事技术:移动式地对空导弹。埃及人意识到,只要拥有足够数量的这种移动式地对空导弹,就可以在士兵和坦克的上空形成一张强大的空中防御网——一张带在身上越过苏伊士运河、穿过西奈半岛进入以色列的盾牌。以色列人知道这些交易，却对此视而不见。为什么？因为他们把目光盯在了飞机上。

"概念"是教科书式案例，显示群体思维和自满情绪可能会导致大灾难。为了确保"斋月战争"的灾难不再重演，阿格拉纳特委员会提出了若干建议。其中一个就是在阿曼内部组建专门的办公室，使命是挑战未来的所有概念和假设。

这个办公室后来以代号"魔鬼辩护人"（Ipcha Mistabra①）为人所知。它的工作是拆解阿曼普通分析师做的各种报告，撰写与决策层主流意见相反的论文。魔鬼辩护人办公室还通过设想最坏场景和未来可能性分析法（Alternative Futures Analysis），为以色列长期军事计划提供支持。它的结论不一定正确；它的职责就是迫使整个组织更加努力地思考，质疑自己的假设。

根据布鲁金斯学会 2007 年的一份报告："魔鬼辩护人办公室的工作人员由经验丰富和才能出众的官员组成，他们拥有极其富有创造性和异于常人的思维方式。"这些男人和女人获得了同侪和上级的高度赞誉："他们的报告会被直接呈到军事情报主管和所有重要首脑的桌上。"

阿曼也鼓励机构内的普通分析师在有不同观点时，写"不同意见备忘录"来挑战某些结论。这种做法是受官方认可的，布鲁金斯学会发现分析师不会因为行使这种特权而受到报复或批评。

以色列在 20 世纪 70 年代首先决定将履行这种逆向思维制度化，虽然他

---

① 这个代号在阿拉米语中的意思是"恰恰相反，或事实恰恰相反"。

们没有使用"红队"的称呼，但魔鬼辩护人办公室所履行的其实就是"红队"的职责——而且已被证明是非常有效的。这个办公室帮助以色列人成功避免了另一次突然袭击的打击，没有让以色列像 1973 年那样差点失去整个国家。以色列一些最聪明的军事思想家更是呼吁扩大红队在全国军队中的使用范围。

以色列前国防军军官艾坦·布克曼（Eytan Buchman）说："我们非常认真地考虑了这些提议——至少在情报局内部，现在，它已经被深入贯彻于以色列国防军的日常行动中了。"

"非常规思考"势在必行

与以色列一样，一场出其不意的军事进攻让美国情报分析系统的局限性暴露无遗。2001 年 9 月 11 日的恐怖袭击，让世贸中心的"双子塔"大厦轰然倒塌，五角大楼受到重创，数以千计的美国人失去生命。美国成立了自己的"阿格拉纳特委员会"，调查美国情报机构和庞大的国家安全机构未能及时发现并阻止恐怖分子阴谋的原因。美国遭受恐怖袭击国家委员会也被称为"9·11"事件调查委员会[①]，它发现：

> "9·11"事件令人震惊，却不应该是个意外。恐怖分子已经发出了大量警告，他们打算不加区别地大规模屠杀美国人……2001 年春季和夏季，美国情报机构收到了一系列警告，称正如一份报告

[①] "9·11"事件调查委员会由乔治·W. 布什总统于 2002 年 11 月 27 日成立，新泽西州前州长汤姆·基恩（Tom Kean）最终在 2002 年 12 月 15 日被任命为委员会主席。其首次听证会直到 2003 年 3 月 31 日才召开。"9·11"事件调查委员会于 2004 年 7 月 22 日发布了最终报告。

所说，基地组织计划了"某个非常，非常，非常重大的行动"。美国中央情报局局长乔治·特尼特（George Tenet）告诉我们："整个体系的红灯已经亮起。"

那么为什么这些警告被忽略了呢？事件调查委员会得出的结论是："最大的失败是想象力的失败。"

美国中情局并不是看到了"9·11"事件调查委员会的报告才想起补救。恐怖袭击当天，特尼特就下令组建一个新团队，"非常规思考"现在美国面临的安全挑战。特尼特把这个团队命名为"红细胞"（Red Cell）。

2015 年，美国国家安全专家迈卡·曾科（Micah Zenko）在《外交政策》（Foreign Policy）杂志上发表的一篇文章中写道："特尼特决定组织一批逆向思考者来挑战情报界的传统智慧，并通过未来可能性分析法来降低更多意外袭击的威胁。"这篇文章为我们提供了关于这个秘密机构内部情况的珍贵参考。

据美国中情局介绍："'红细胞'用一种所谓'打破常规'的策略来撰写备忘录，以此来启发思考而不是提供权威评估。"这些备忘录改变了美国中情局的思维模式，人们认为，"红细胞"非常有效，因此 2004 年的《情报改革和预防恐怖主义法案》（Intelligence Reform and Terrorism Prevention Act）要求所有美国情报机构都使用"红细胞"。

从那时开始，美国陆军也开始发展自己的红队。

红队这个词可以追溯到 19 世纪初普鲁士军队使用兵棋或作战模拟来训练其军官。一组军官制订一个战斗计划，另一组扮演敌人努力破坏前者的计划。目的是在作战指挥室中找出普鲁士防御策略上的缺陷或弱点，而不是等到了战场上才发现。这些桌面模拟使用木块代表军事单位。因为大多数普鲁士士兵穿着蓝色军装，所以主队以蓝色木块为代表，被称为"蓝队"；敌军用红色木块来表示，被称为"红队"，他们的工作是找出主队计划和战略中的弱点。红队的名字也就被沿用下来了。

美国陆军在 19 世纪初开发了自己的兵棋版本，但作战模拟主要用于培训青年军官，而不是用来测试实际的战略或计划。到 20 世纪 90 年代末期，五角大楼的人开始意识到军队自身也需要使用红队。

"国防部对于其掌控未来军事行动的能力过于自信，甚至到了傲慢的程度，"当时美国国防部负责制订计划和防扩散政策的助理秘书詹姆斯·米勒（James Miller）[①] 说，"军方有许多人似乎认为，我们已经具备了领先于所有对手的长期技术优势，这将在今后所有军事对抗中发挥决定性作用。"

米勒不这么认为。他认为美国在战场上承受不起任何想当然造成的损失。在 2000 年离开五角大楼之后，米勒帮助咨询公司希克斯（Hicks & Associates）建立了防御适应红队项目（Defense Adaptive Red Teaming Program，即 DART），这家公司的业务就包括帮助五角大楼实施作战模拟。防御适应红队项目为这些模拟提供了关于对手、军事理论和政策的逆向分析。

"大部分的工作聚焦于各种概念。我们会使用作战模拟或分析的方法来将它们拆解，"米勒说，"军方高层领导人对我们所做的工作非常感兴趣。"

"9·11"恐怖袭击使这一兴趣达到了全新水平。2003 年，一个五角大

---

① 米勒后来在奥巴马政府执政期间被任命为国防部副部长。

楼工作组建议扩大红队，超越其传统的威胁模拟，提供逆向分析并"挑战全新的作战概念，以便在真正的对手行动之前发现其弱点"。

那正是史蒂夫·罗特科夫所做的。

红队大学的建立

2003 年 8 月，彼得·斯库梅克（Peter Schoomaker）将军接任美国陆军参谋长职位。这位传奇的特种作战指挥官讨厌所谓"大部队"的官僚作风，也震惊于军方想象力的匮乏。虽然军方警告美国人民"反恐战争"会持续多年，但没有人真正相信过。因此，斯库梅克接手了一支缺少弹药和士兵、迫切需要新思维的军队。他对新的想法如饥似渴。

罗特科夫就是新想法的贡献者之一。退休后，罗特科夫回到华盛顿。在那里，他被邀请来领导美国陆军情报局局长基思·亚历山大（Keith Alexander）中将的"经验教训"小组。罗特科夫和他的团队在五角大楼倡议成立一支由逆向思考者组成的常设小组，负责对军队的战略和计划进行独立的批判性分析。

"从历史上看，军队拥有一套工程思维。军官们喜欢尽快弄清他们想要的最终结果是什么样的，这样他们就可以开始研究如何实现它。问题是，我们今天所处的环境急剧变化，你永远无法停止思考。你必须接受这个事实，也许——只是也许——你是错的，"罗特科夫说，"我告诉他们我们如何创造这个空间，就战略和计划进行真正有意义的对话。因为知道它的价值，我才会如此推崇——如果得到推广，这种方法真的可以有所作为。"

斯库梅克将军喜欢这个想法。对他来说，这听起来很像特种部队的作战方式。不受军队官僚决策过程的约束，一个团队制订计划，然后把计划交给另一个团队去分解。斯库梅克下令在整个军队中建立红队。他还下令建立一所新学校，培养核心的红队队员和领导来为这个学校工作。

2004 年，军方在堪萨斯州利文沃斯堡建立了红队培训学校。除了拥有安全级别最高的军事监狱，这个基地还是陆军司令部和参谋学院及其高级军事研究学院所在地。作为"军队的智力中心"，主办者决定称之为外国军事和文化研究大学。这个名字能够掩盖新学校的真正用途。但军方大多数人仍然称之为"红队大学"，鉴于军方对首字母缩写词的喜爱，它也被叫作 UFMCS[①]。

红队大学的第一任校长是退休上校格雷格·方特诺特（Greg Fontenot）。方特诺特和罗特科夫一样，是一位勇于从内部变革的战士哲学家。但两人的风格完全不同。如果说罗特科夫是霍默·辛普森和维托·科里昂的混合体，方特诺特则是电影《现代启示录》（Apocalypse Now）中库尔茨上校的升级版，兼具乔治·巴顿（George Patton）[②]的一些良好特质。作为一名坦率的坦克指挥官兼军事历史学家，方特诺特并不害怕说出自己的想法——甚至是不利于自己的言论。他的口无遮拦最终让他丢掉了成为将军的机会。在任命他为红队大学的校长之前，军方让他以平民作战模拟专家的身份为军方工作[③]。

---

① 红队大学是在美国陆军训练与条令司令部下属情报部门的支持下成立的。该部门主管麦克西·麦克法兰（Maxie McFarland）负责监督新红队项目的实施并挑选学校的第一任校长。
② 电影中所刻画的库尔茨上校是一位战功赫赫的将领，透露着极其冷静和理智的特质；而乔治·巴顿将军是第二次世界大战中美国著名的军事将领，他作战勇猛顽强，富有进攻精神和冒险精神。——编者注
③ 在这方面，方特诺特实际上参加了几个防御适应红队项目训练。

"他们告诉我，他们想训练一些魔鬼辩护人，从内部来挑战军队的各种计划，"方特诺特回忆说，"而且给我一年的时间来弄清楚到底该怎么做。"

方特诺特开始组建团队来开发课程。他知道罗特科夫曾经建议在五角大楼组建红队，所以请他帮忙，还聘请他担任第一堂课的首席讲师。虽然两人风格迥异，却一致同意军队需要改变做出重大决策的方式。

"红队已成为军队教育的一部分，更重要的是，我们在红队大学传授的工具和技术已成为规划和讨论每一项新任务的一部分。"罗特科夫说。2013年方特诺特退休后，罗特科夫接管了红队大学："我们的理念已经反映在我们的机构每天所做的无数细小决定中。而这些细小决定正在改变军队，使之能够更好地应对 21 世纪的挑战。"

红队策略成为国际风潮

随着美国陆军红队的成功宣传，其他部门开始派出军官到红队大学去了解情况。2010 年，位于弗吉尼亚州匡蒂科的美国海军陆战队大学启动红队训练计划，学员对此印象深刻。

"它能够帮助我们减少群体思维，"带领匡蒂科海军陆战队红队的布赖恩·麦克德莫特（Brian McDermott）中校说，"帮助工作人员和指挥官更好地了解作战环境。"

空军和海军都派出军官到利文沃斯堡进行红队训练，并使用特设红队来审查重要决策。2016 年，空军进行了一次红队模拟，以评估将女性纳入战斗角色的计划。美国特种作战司令部——负责美国精锐部队包括陆军特种部队、海军陆战队突击队和海军海豹突击队的联合组织，已经将红队列入自己的规划过程了。

盟友们在美国军事中看到红队的影响，也开始派遣军官到利文沃斯堡接受训练。这些国家中许多已经建立了自己的红队项目。英国是第一个，像美国一样，他们决心不再重走老路。

"六七年前，国防部做了一些反省，承认自己也会做出糟糕决定，"当时红队项目的负责人、退休的英国陆军准将汤姆·朗兰（Tom Longland）在2015年告诉我，"我们的决策背后，有很大的驱动力。部分驱动力来自对决策依据的自信，听起来不错——事实上，也很难辩驳。但是，你必须有工具来评估这些依据的价值，并做出决策，这当然是我们发挥作用的地方。"

朗兰所说的"我们"指的是位于什里弗纳姆（Shrivenham）的英国国防学院发展、概念和学说中心。这是军方的智库，为英国陆军、皇家海军和皇家空军服务。传统上，它的工作是产生学说和发展概念，最初的使命是为女王陛下的武装部队编制红队手册。但是它的作用很快被扩大了，现在它是英国国防部的官方红队。

"我们主要是用红队策略来分析论文、计划和新的理念，"朗兰解释说，"我们已经把它应用于皇家海军的结构调整、国防部改组以及国防审查。你几乎可以用它做任何事情——也应该这样做。"

加拿大武装部队、澳大利亚国防部和新西兰国防军也创建了红队。北约组织也是如此，只是把红队称为"替代分析"。

"我们有太多的群体思维，"位于美国弗吉尼亚州诺福克盟军司令部改造指挥部的北约替代分析项目负责人约翰尼斯·德·奈斯（Johannes de Nijs）说，"我们必须对现在正在做的事情提出不同看法，必须对军队的运作方式进行创新和变革。"

红队的成功引起了军方以外的兴趣。英国就业和养老金部成立了红队来审查福利改革。美国国务院、国际开发署、联邦调查局、国土安全部和其他机构都要求军队协助，让红队成为其规划过程的一部分。

2012 年，利文沃斯堡的一个班级被要求与当地、州和联邦执法机构合作，为堪萨斯城即将到来的美国职业棒球大联盟全明星赛进行红队安全演习。这个班级发现，让所有这些机构用通信网络相互沟通是一个重大弱点。如果恐怖分子成功入侵网络，就很难被发觉。

"这不可能，"一位联邦调查局特工坚持说，"我们没必要担心这个。"

虽然通信网络非常复杂，这个班上的一名专家——碰巧是军队特种部队的一名信号情报官员——已经在亚马逊找到了一台能弄垮整个网络的干扰机。他打印出产品说明书并交给联邦调查局特工，后者立即着手制定应急方案。

另一个班级帮助堪萨斯城"红队"①了有争议的机场扩建计划。研究结果令人大开眼界，市长亲自写信给利文沃斯堡的负责人，询问堪萨斯城的所有重大举措是否可能在未来接受同样的审查。

后来，纽约联邦储备银行听说了红队，也利用其准政府机构的身份说服

---

① 此处包括后文，"红队"一词有时直接当作动词使用，表示对某项战略或计划采取红队策略进行质疑和检验。——编者注

军队从利文沃斯堡派红队队员来帮助自己。

　　当大企业听到利文沃斯堡的传闻时，他们提出是否可以向军队付费来红队他们的战略和计划，或者至少送人到红队大学去学习如何自己创建红队。他们得到的答案通常都是否定的，但幸运的是军队给我开了绿灯。在接下来的内容中，我将和你们分享我在那里学到的一切。

◎ 对于组织来说，最大的失败是想象力的失败，组织想要
打胜仗，非常规思考势在必行。

◎ 群体思维和自满情绪可能会导致大灾难，组织需要更加
努力地思考，质疑自己的假设。

◎ 红队策略帮助组织减少群体思维，提供逆向分析并"挑
战全新的作战概念"，以便在真正的对手行动之前发现
自己的弱点。红队是一种对战略进行测试和应对不确定
性未来的革命性方法，一种帮助组织打胜仗的策略。

◎ 你唯一可以做的，就是把所有东西推翻，从零开始，这
就是我们自始至终所做的。

RED
TEAMING

第 2 章

打破一切想当然，
红队的本质

测一测你对红队策略了解多少

1. 下面哪一句不能体现红队的本质？

   A. 红队是无所不在的

   B. 红队是思维，也是工具

   C. 红队可预测未来

   D. 红队是拥抱变化

2. 一个完整的红队分析要经过 3 个阶段，下面哪一项不属于这 3 个阶段？

   A. 使用分析工具质疑想当然的论据和假设

   B. 使用想象力工具发现隐藏的威胁和机会

   C. 使用红队策略直接参与制订战略和计划

   D. 使用逆向思维工具迫使组织采取其他思考角度

3. 红队既具有科学性，也具有艺术性，下面哪一项体现了红队的艺术性？

   A. 红队要投入大量的时间、人力和其他资源

   B. 红队中要创造性地使用各种工具和技术

   C. 红队根植于认知科学和决策心理学

   D. 红队可用来克服认知偏差和逻辑谬误

4. 下列哪一种关于红队的说法是错误的？

   A. 它可以帮助企业避免犯代价高昂的错误，抓住前所未有的机遇

   B. 红队可能会让你的组织不太舒服，但它也会帮助你领先于竞争对手

   C. 红队不仅可以发现战略和计划中的弱点，还可以直接制订战略和计划

   D. 红队意味着要去质疑毋庸置疑的，想象不可思议的，挑战无懈可击的

缺乏远见，在问题可以轻易解决时却不愿意采
取行动；缺乏清晰的思维，决策混乱，直到危机降
临，直到自卫的本能拉响警钟——正是这些特征导
致历史不断地重演。

——温斯顿·丘吉尔爵士

2015 年 8 月 11 日，谷歌联合创始人拉里·佩奇
（Larry Page）公开致信员工：谷歌正在成立一家新公
司 Alphabet。这是近来高科技产业发展史上一桩头等
大事。在这个全新的集团下，谷歌将成为它众多子公
司之一。这次大重组令很多人感到意外，尤其是谷歌
的员工。佩奇在他的信中解释了这一行动背后的理论
基础：

我们一直认为，随着时间的推移，公司

会习惯于做相同的事情，只是进行渐进式的改变。但在这个由颠覆性创新驱动突破式增长的科技行业，你想要保持领先，就不能让自己太舒服。

这就是红队要做的。红队挑战你的计划和它们的前提假设。红队迫使你的企业采取不同的思考方式，引入不同的观点。红队使批判性思维和逆向思维成为公司规划过程的一部分，并提供整套工具和技术，来测试你的战略。红队有助于你更好地了解客户和竞争对手，帮助你发现商业环境中的威胁和机遇。红队指出你未来的危险，以及如何把它们变成优势。**红队可能会让你的组织不太舒服，但它也会帮助你走在前面，领先于竞争对手，应对日益不确定的世界。**

正如美国国防部的解释：

> 红队是为挑战企业自身的计划、方案、假设而设的，正是这种挑战性，将红队与其他管理工具区别开来。

所有计划都基于假设，所有假设都基于理解，而理解往往是有限的，而且是有瑕疵的。通过质疑假设，红队使计划更加周全。但红队不仅仅是质疑假设。一些红队技术能帮助你解决复杂问题，并预测预期之外的行动后果。有的红队技术，将会告诉你你的计划为什么会失败，以及未来将有哪些惊人变化。还有的红队技术可以帮你发挥所长。这些革命性的工具可以帮助企业避免犯代价高昂的错误，抓住前所未有的机遇，但在学习如何使用它们之前，你必须先知道红队是什么以及它不是什么。

红队是什么？

红队既是一门科学，也是一门艺术。

红队是科学，是因为我们可以利用这些工具和技术来克服人类决策的局限性。正如我在下一章将要讨论的，红队根植于认知科学和决策心理学。几个世纪以来，我们想当然地以为，人类总是能够利用自己掌握的信息做出最佳决策。但在过去的几十年里，研究人员发现事实并非如此，令人不安的是：我们每个人，无论多么聪明，受过多么好的教育，出于何等的好意，都在无意中受到一系列认知偏差和逻辑谬误的影响，这些五花八门的认知偏差扭曲了我们的决策，引导我们朝着我们不希望的方向发展，甚至我们不知道自己正在被这些认知偏差所扭曲。红队不仅让我们意识到这些认知偏差和局限，而且提供了克服它们的方法。

红队的艺术性在于，这些工具和技术根据现实情境的不同，可以被创造性地使用。一些工具和技术是用来分析特定类型问题的，其他的则更通用，适用于对任何问题的分析；一些工具和技术需要大量时间、人员和其他资源的投入，另外一些则无须准备，在事情进行中完成，不用投入额外成本；一些工具和技术在规划过程的早期使用最好，其他的则可以帮助你在最后一分钟做出决定。只知道如何使用这些工具和技术是不够的，还必须知道何时何地来使用它们。

红队 实践 RED TEAMING	一个完整的红队分析通常分为 3 个阶段。 首先，使用分析工具来质疑常规规划过程中想当然的论据和假设。 其次，利用想象力来找出计划哪里可能是错的，哪里可能是对的，来暴露隐藏的威胁和机会。 最后，采用逆向思维来挑战计划，迫使组织采取其他思考角度。

红队的艺术性还在于红队队长要知道何时停止红队并且开始行动。做任何决定时，你都有可能顾虑太多。军队称之为"分析瘫痪"（Analysis Paralysis）。但是一个好的红队队长知道把红队做到恰到好处，不能过度。

红队既是一种思维方式，也是一套工具。

红队队员所使用的工具来自情报分析人员的谍报技术和认知心理学家的研究。这些工具可用于剖析和挑战既定思维模式下的假设和方法。它们是武器，瞄准了商业的最大要害：群体思维和自满情绪。通过将红队纳入规划工作流程，组织就可以有效地杜绝这两种弊端。

RED TEAMING
红队洞察

使用红队策略意味着什么都不能想当然，意味着要去质疑毋庸置疑的，想象不可思议的，挑战无懈可击的，意味着面向未来，而不是陷于过去，意味着从竞争对手、供应商、员工和所有利益相关者的角度来审视问题。

红队帮你看到用户眼中你的公司、产品和服务，甚至看到你的潜在客户将会如何看待这些产品和服务。红队不仅仅是"跳出盒子"（Outside the Box）来思考，而是审视"盒子"本身，了解它如何决定了你的想法。

红队是独立的。

想想你的组织。每个部门、团队，每个人，都有他们渴望推动和保护的既得利益。所以，让他们去批判分析和客观思考自己或与自己相关的计划和战略是非常困难的。但红队没有这些牵绊。红队没有领地或既得利益需要保护，要质疑的事物本身和他们无关，他们只听从真相。这使红队能够直接聚焦于事实，客观地分析战略或计划，找出问题和缺陷，并提出改进方法。

至少理想的状态是这样的。将红队纳入你的组织，可以有多种不同的方式，从常设的内部红队到外部的红队顾问。每种方式都有其优点和缺点。但无论哪种方式，为了实现目标，你的红队都需要有自由和智慧去提出那些棘手的问题，并诚实地回答问题。

红队是无处不在的。

正如我们在前一章所讨论的，世界各国都已经把使用红队策略作为军事和情报规划工作的一部分，每个国家都为红队策略做出了重要的贡献。各国企业也开始尝试红队。最开始与我合作进行红队的一个组织是 DBJ 投资咨询公司，它是日本政策投资银行于 2009 年创立的，旨在通过增值型股权投资帮助日本企业。董事长哈里·村上（Harry Murakami）很快就看到，在日本这个众多伟大公司被往日荣耀所累的国家，红队能够带来真正的价值。

"在日本，我们经历了几十年的成功，培养了崇尚服从的企业文化，"村上在我们第一次讨论红队时告诉我，"自 20 世纪 90 年代以来，我们无法再把这种成功视为理所当然。但是，太多的日本企业从未质疑过他们正在做的事情以及做事方法。"

村上看到，红队可以帮助这些公司对它们长久以来习以为常的东西进行认真的审视。同样，你的公司也可以。

红队就是拥抱变化。

在商业环境中使用红队，是因为任何市场和公司都没有所谓的终极均衡或终结状态。唯一不变的是变化本身。不管今天你的公司有多强大，能保持这种优势的唯一方法就是持续进化。如果你对此有所怀疑，去看看吉姆·柯林斯（Jim Collins）2002 年出版的商业经典著作《从优秀到卓越》（*Good to Great*）吧，看看他作为榜样书写的那些公司有多少在今天仍然保持卓越，恐怕还在经营的都不多。正如他在后来的《巨人如何倒下》（*How the Mighty Fall*）中所写的：

> 当组织不能区分当前的实践和为获取成功需坚持的长期原则，并错误地将自己的实践僵化时，它们已经为衰落做好了准备。

或者，正如麻省理工学院管理学大师彼得·圣吉在他开创性的著作《第五项修炼》（*The Fifth Discipline*）中所言：

> 一个企业是不可能成功实现"永远卓越"的；它总是处于持续不断的学习实践状态，要么变得更好，要么变得更坏。

最具创新力的公司不仅能认识到变化的必要性，更能拥抱变化。读读佩奇的公开信吧。他和谷歌联合创始人谢尔盖·布林（Sergey Brin）在 1998 年创立公司时就明白变化的必然性，并把它变成谷歌 DNA 的一部分。这就是为什么许多大小公司都在担心，某天早上醒来，发现谷歌已进入自己的领域。即使变化不是你的企业 DNA，你仍然可以通过红队使之成为企业文化的一部分。

很少有商界领袖能像史蒂夫·乔布斯那样热爱变化。乔布斯一个人组成了一支红队。他在 1997 年为苹果公司提出的广告口号"不同凡想"（Think Different），完美地诠释了红队策略所蕴含的精神。苹果公司复活的故事，讲的全是乔布斯如何利用批判性逆向分析来为苹果公司驱散迷雾，清晰地指明了方向。一个很明显的例子是在乔布斯于 1997 年回到苹果公司担任 CEO 不久后，进行的一次产品评估。沃尔特·艾萨克森（Walter Isaacson）在 2011 年出版的《史蒂夫·乔布斯传》（*Steve Jobs: A Biography*）中描述：

产品评估显示了苹果公司有多么不聚焦。由于官僚主义和为了迎合零售商的突发奇想，公司推出了五花八门的产品和版本。"那太疯狂了，"苹果公司营销总监菲尔·席勒（Phil Schiller）回忆说，"大部分产品都是无脑团队研发出来的垃圾。"光是苹果电脑 Mac 就有十几个版本，每个版本又有不同的型号，从 1 400 到 9 600 不等。"人们给我解释了 3 个星期，我还是不明白。"乔布斯说。于是，他开始问一些简单的问题，比如"如果推荐给我的朋友买，应该推荐哪几款？"……

几个星期后，乔布斯终于受够了。"停！"他在一个产品战略会议上大叫，"这太疯狂了。"他抓起记号笔在白板上画出一条横线和一条竖线，把平面分成 4 个区间。"这就是我们需要的。"他边画边说。他在竖线的上下两端，分别写上"消费者"和"专业人士"；横线两段则分别是"台式机"和"笔记本电脑"。苹果公司要做的，就是用 4 款伟大的产品来占据每一个区间。"整个会议室鸦雀无声。"席勒回忆说。

苹果公司多年来一直在四处出击，乔布斯回归时已濒临破产。从回归那一刻起，乔布斯让公司重新回到了正确的轨道。他使用的方法，就是批判性地思考，苹果到底应该提供什么样的产品。他推翻了一系列假设，正是这些假设导致苹果公司管理层什么产品都批准开发。他找到了苹果真正的客户以及他们真正的需求。换句话说，他是像一个红队专家那样来思考的。

在分析战略时，红队首先要确定和评估制定战略所依据的关键假设，而不是找证据去证明这些假设。这就是乔布斯在听苹果产品项目负责人描述产品时所做的。将这十几款计算机推向市场，肯定总能找到合乎逻辑的理由，而为了获得高层批准，这些产品的支持者更会提供令人信服的案例。但是，乔布斯早在 12 年前就被赶出了公司，所以，他没有听信那些论据，而且能够客观地看待这些产品，并看出大多数产品其实都是不应该存在的。尽管乔布斯创立了苹果品牌，对公司最初的使命有着深刻的理解，但现在他是作为一个外人来看待苹果的产品的，他看到了苹果的问题是：什么都想做。在他眼里，市场不应该被分割成几十个细碎的小块，而是两个维度下的四大市场：消费者与专业人士，台式机与笔记本电脑。他看到了让苹果再创佳绩的方法，就是在这 4 个市场中分别提供最好的机器。

正如布伦特·施兰德（Brent Schlender）和里克·特策利（Rick Tetzeli）在《成为乔布斯》（*Becoming Steve Jobs*）中指出的：

> 这样的市场划分和 Windows 电脑制造商们完全相反，后者忙着制造生产速度更快、功能更强却没有特点的盒子。而苹果则从此回归其历史使命——为高端消费者和专业人士提供精品。

艾伦·穆拉利也是一位天生的红队队员型 CEO。2006 年，比尔·福特聘用穆拉利来挽救其陷入绝境的汽车公司。福特汽车濒临破产，业内人士都认为它没救了。福特汽车的问题太深了。产品很单调，薪酬毫无竞争力，企业文化也异常陈腐。福特汽车高管们却投入大量时间互相斗争，而非更多地去与丰田公司和通用汽车竞争。福特汽车输了，底特律人都知道。但穆拉利不是底特律人，而是来自西雅图的一名航空航天工程师，是波音民用飞机集团前总裁。他受聘的消息遭到了福特汽车对手们的疯狂嘲笑。通用汽车和克莱斯勒的高管们都觉得，让一个对底特律一无所知的人来拯救福特汽车，这样的想法实在太可笑了。

"他们是对的。我不知道人们在底特律到底是怎么工作的，"穆拉利后来对我说，"但是我知道他们的方法不管用了。"

穆拉利只要知道这一点就够了。他研究了那些其他人认为无法解决的问题，想出了解决的方法。和乔布斯一样，他精简了福特汽车的产品线，并利用节省下来的资金为留下来的产品提供先进的功能和动人的造型。他给工人改变合同的选择权，以降低在美国本土制造新汽车的成本；或者将生产外包给墨西哥，从而迫使工会让步，而在业内人士看来，这样的做法根本行不通。但他帮助福特汽车摆脱了腐蚀性的野心家文化，向高层展示了如何作为好的团队成员一起工作，而不是把对方当作竞争对手。2006 年年底到 2010 年年初，仅仅 3 年多时间，穆拉利不仅拯救了福特汽车，而且使它成为世界上盈利能力最强的汽车制造商之一——当时的美国正经历大萧条以来最严重的经济危机，而且福特汽车没有接受政府救助。

穆拉利从来没有听说过红队，也没有专门学过相关的工具和方法。但就像苹果公司的乔布斯一样，穆拉利用红队队员的方式解决了福特汽车的问题。他研究了公司商业战略背后的假设，并逐一戳破了这些肥皂泡般的假设。他提出一系列尖锐的问题，拒绝接受这样的回答：因为之前一直是这么做的。他不仅从汽车制造商的角度，还从经销商、供应商和工会的角度思考了福特汽车的问题，并精心设计了解决方案来满足他们以及福特汽车的需求。最重要的是，当全球经济崩溃，汽车市场下滑时，他却选择和竞争对手背道而驰，把灾难转化为福特汽车的优势。通用汽车和克莱斯勒公司为了省钱而减少新投资，穆拉利则命令福特公司加快开发新产品。当别的公司要求政府施救时，他拒绝向纳税人要钱，并向美国人民保证福特公司能够解决自己制造的麻烦。当通用汽车和克莱斯勒公司破产时，福特公司的利润达到了历史最高水平。

这就是红队的力量。你的公司可能没有史蒂夫·乔布斯或艾伦·穆拉利，但你可以建立一支红队，用同样的批判性分析和逆向思维来武装企业。

两个世纪以前，普鲁士军队就用类似的方法击败了拿破仑。

公元 1806 年，拿破仑在耶拿击败普鲁士军队，普鲁士国一败涂地。普鲁士将军们自知他们中没有一个人能对抗拿破仑，但如果抱成一团，打败拿破仑不是没有可能。他们说服普鲁士国王把军队的改革交给一些最聪明、最优秀的军官，而不是某位将军。他们把这个团队叫作总参谋部。总参谋部重建了普鲁士军队，6 年后，拿破仑在莱比锡战役中被击败。又过了两年，当这位狡猾的皇帝从厄尔巴岛出逃时，普鲁士人和他们的英国盟友再次在滑铁卢给了他致命一击。普鲁士人在那个世纪余下的时间里战无不胜[①]，美国在内的其他国家纷纷效仿，建立起自己的参谋体系。

今天的亚马逊和优步横行于整个商业世界，就像当年的拿破仑横扫欧洲、改朝换代一样，颠覆旧秩序。正如普鲁士人能够组建一支将军团队并找到办法扭转被拿破仑打败的局面一样，今天的企业也并不是只能坐等被征服，它们可以创建红队，化险为夷，并成为一个颠覆者。

红队不是什么？

红队不是对领导层的挑战。

红队不负责做决定，也不是为了削弱领导者或管理者的权威。红队的作用是：提供更加客观的分析，描绘更全面的商业环境图景，提供更多备选方

[①] 1871 年德国统一后，普鲁士总参谋部成为德国总参谋部。德国在第一次世界大战和第二次世界大战中失败的部分原因是，恺撒·威廉二世（Kaiser Wilhelm II）和阿道夫·希特勒（Adolf Hitler）在关键问题上没有听从总参谋部的建议。

案，来帮助领导者和管理者做出更好的决策。

"有一点很重要，那就是领导者要意识到，拥抱红队不是放弃权力，"史蒂夫·罗特科夫解释说，"红队从不强迫领导者，不会说'你要做这个''不要做这个'。使用红队的领导者仍然有能力做出他们想要的任何决定。红队只是让领导者对问题了解得更透彻，然后再做出决定。"

领导者甚至可以把红队策略作为一种保险来用。面对日益严密的监管和董事会审查，对新计划或战略变更进行彻底的红队分析，对所有风险和替代方案都给予足够的权衡和考虑，为正确决策提供流程上的保障。

红队不能替代计划。

"红队不是制订计划的策略，而是优化计划的策略。"弗吉尼亚州匡蒂科美国海军陆战队大学红队训练计划负责人、退役上校雷·达姆（Ray Damm）说。为了实现这样的目标，红队的做法是挑战组织的战略和计划所依据的假设，暴露先天的逻辑谬误，并切断群体思维的捆绑。

如果红队直接参与制订计划和战略，就无法最有效地做到这些。制订计划完全不是成立红队的目的。可能在某些时间和情境下，需要将原始计划成员纳入红队中，但即便这样，这些原始计划成员也需要用一套全新的眼光来看待和解决问题。

红队不是不行动的借口。

正如乔治·S.巴顿将军的名言所说："一个可以立即强力执行的计划，好过一个下星期才能出炉的完美计划。"但是，一个未经检验的计划永远不如一个经过独立审视和批判性分析的计划。

一些红队工具运用起来需要投入大量时间，对于某些决策而言，这样的审慎是必需的。但是在非常紧急的情况下，红队也可以快速而有效地进行。哪怕只给几分钟时间做决定，本书介绍的一些工具也有其用武之地。

如果你连几分钟的时间都没有，就不应该考虑使用红队。军队培训红队领导者时，一个最重要的规则就是：大敌压阵，不要红队。

红队不是算命。

红队不是预测未来，而是确保组织的战略没有漏掉任何合理的可能性。所以，红队不保证绝对正确，这点非常关键。事实上，我们必须容忍红队出错。

记住，红队不是要制订出一个更好的计划，而是通过提供其他解释、挑战假设和模拟执行不力的情况，来帮助优化当前计划。要真正做到"非常规思考"，红队成员需要拥有思考的自由，而不能被要求绝对正确。能够迫使组织对战略和计划进行更深入更具批判性的思考，红队就已经完成了使命。你可能最终发现你的计划一直是对的。但只有在红队精心细致的检查后，你才能确信这一点。

红队不是愤世嫉俗。

批评和否定有很大区别。怀疑和愤世嫉俗也有很大不同。红队应该永远是前者，并时刻警惕成为后者。

红队提供的反馈始终应该是积极的、合理的和建设性的。红队不是揭露组织成员或管理者的错误或缺点，让他们出丑，而是通过让组织更深入地思考其战略和计划来帮助成员和管理者。

达姆上校警告说："一个像督察办公室或警署内务司的红队是失败的。你不能让人们对你避之唯恐不及。"

同时，组织成员要以建设性和合作的态度来接受红队反馈的意见。如果对红队的批评以私人视角解读或采取提防态度，就会导致组织很难有效使用红队提供的见解和分析。

红队不仅仅是减少错误或降低风险。

多年来，企业引入了各种各样的方法体系来减少错误和管理风险。红队可以帮助企业实现这两大目标，但远远不止于此。红队还提供新的选择和机会。

加里·克莱因博士让我认识到这对企业的重要性。克莱因是决策领域很有影响力的研究者，他开发了最强大的红队工具：事前检验分析法（Pre-Mortem Analysis，我们将在第 7 章中介绍）。有一次，我们一起吃午餐。我向他解释红队时，他拿出一张纸，写下了一个简单的公式：

$$P = \uparrow + \downarrow$$

克莱因解释说，P 代表"绩效改进"（Performance Improvements），向上的箭头代表"见解"，向下的箭头代表"错误"。"大多数系统的问题，包括六西格玛（Six Sigma）[1]，就在于只专注识别和减少错误。但一个能够真正提升组织绩效的系统性策略，不仅需要减少错误，还需要提供新的见解。如果红队能够同时做到这两点，它就是一个成功的系统性策略。"[2]

红队可以，而且它确实就是这样发挥作用的。

红队从不同的角度观察问题并探索替代解决方案，发现可能被计划制订者忽视掉的机会。此外，红队使用逆向分析法，绘制不同于竞争对手在不确定性环境中可能采取的路线，来弄清楚如何利用经济低迷和其他市场波动的情况赢得竞争。

红队不仅仅是给领导者准备的。

当红队被整个组织所接受时，它才是最有效的。就算使用它的是单个分支、部门、项目团队、工厂、零售地点，或负责制订和执行计划与战略的小组，它仍能产生巨大影响。哪怕团队战略是由你的上级制定的，你也可以使用红队策略来找出执行该战略的最佳方式，找出可能导致失败的环节，并确定如何主动应对这些挑战。通过使用本书中描述的方法，你也许能发现别人错过的机会，并调整计划以利用这些机会。最不济，你还可以使用红队策略来解决团队当前面临的困难。

如果你是孤家寡人一个，不用向任何人负责，你也可以使用同样的工具

---

[1] 六西格玛是一种数据驱动的方法，用于提高质量并减少错误，是摩托罗拉在 20 世纪 80 年代开发的。这一方法已被许多公司采用，特别是在制造行业。

[2] 有关克莱因公式更详细的讨论，请参阅他的著作《洞察力的秘密》（*Seeing What Others Don't*）。

和技术来更好地评估自己的决定，更仔细地思考你的工作和生活。

红队不仅仅用来管理军队或企业。

各种规模的企业都可以从红队中获益。非营利性组织和慈善机构也不例外。军方红队最成功的延伸应用，是与比尔及梅琳达·盖茨基金会合作消灭小儿麻痹症。其他慈善机构已经开始探索如何使用红队审查资助对象。风投机构也使用类似的技术来评估潜在的投资目标，而投资公司则成功使用红队来挑选股票。

对于任何想测试战略、优化方案、寻找新思维、更好做决策的组织，红队都是一个理想的策略。也就是说，不管是对非营利性组织还是私人投资者，上市公司还是对冲基金，红队都具有相同的价值。

红队不是万能药。

每年，大量新的方法体系层出不穷，声称只要企业采用，就能包治百病，马到成功。但红队和这些方法体系都不同。

红队不能替代一个好产品或一项新服务，但它可以使你的产品和服务更好。红队不能克服商业周期的影响，但它可以帮助你的公司更好地渡过难关。红队不能阻止新的竞争对手进入市场抢你的地盘，但它可以让你事先意识到自己的弱点，这样你就可以主动防范和补救。红队不能改变一个不想发展的组织，但它可以为那些愿意改变的组织提供强有力的见解和指导。最后，红队不能拯救差劲的领导者，因为红队需要领导者的支持才能发挥效用。有了这种支持，红队就可以把好的领导者变成伟大的领导者。

要么变，要么死

2004 年 8 月，在密歇根大学汽车研究中心组织的年度汽车行业会议上，丰田汽车公司董事长张富士夫（Fujio Cho）被邀请做一场演讲。当时，在丰田汽车眼中，密歇根州仍然是一片充满敌意的疆土。在距离密歇根大学不远的安阿伯（Ann Arbor），丰田有一个不起眼的研发机构，并新设了一间设计工作室。虽然进入这个一度被底特律三巨头主宰的市场的过程势如破竹，但丰田仍然感到一丝隐忧，甚至迟迟不敢在建筑外面挂上自己的标志和名字。在过去 10 年中，丰田在美国的市场份额逐年上升，而通用汽车、福特汽车和克莱斯勒控制的份额逐步下降。这导致了成千上万美国汽车工人的失业，同时这也是张富士夫被要求发表主题演讲的原因。

在稀稀拉拉的掌声中，张富士夫走上讲台。礼堂里有来自全球各大汽车厂商的高管，但主力却是底特律三巨头。张富士夫准备了详细的演讲 PPT，展示丰田如何超额完成了全球市场上的每个战略目标。这些骄人的数字让在场的美国汽车公司高管们嫉妒得面露不悦。展示结束时，张富士夫抬起头来，宣布丰田重新思考其战略的时机已经到来。

他说："任何不愿意冒险重塑自己的公司都是注定要失败的。"对于丰田来说，那时候是该这么做了，即使它当时在竞争中仍处于领先位置。

"今天的世界变化太快了，"张富士夫警告说，并开始详细讲述丰田为重新评估和完善其核心商业战略而正在采取的一系列行动，"这个行业从来没有像这样充满竞争过。"

张富士夫结束讲话时，会场中一片沉寂。似乎没人理解张富士夫这番话的真正意味。一半的高管确信，虽然丰田的成绩不错，但它在这里不会有什么作为。一位通用汽车高管当天下午喝咖啡时对我说，通用汽车将保持第一，就因为它是通用汽车。另外一半人被张富士夫的声明吓到了：他们加班加点，试图赶上丰田的步伐；而丰田的老板却已经开始谈论对未来的担忧了，并坚定地提出要迎接未来的挑战，丰田的脚步会走得更快。

张富士夫那天在密歇根大学所倡导的就是红队。虽然他当时不知道有这个名字，但他主张的其实就是红队那种严格的自我批判分析。丰田所做的就是红队。丰田没有把成功视为理所当然，没有等着竞争对手迎头赶上，而是在对手赶上来之前就想出了做到更好的办法。接下来的 5 年，丰田成了全球汽车行业的佼佼者。虽然过程挫折重重，但丰田总是坚定不移地找到失误的原因，并果断采取措施纠正。通用汽车也会跌倒，但它只是找到更多的借口，责怪丰田抢了它的市场份额，抢了它世界第一汽车公司的冠军地位。是否把红队策略带入你的组织，不同的选择，结果的差别一目了然。

丰田这样的公司意识到自己不会永远知道所有答案，所以它继续提出问题，而这些问题也正是红队要问的。使用正确，红队可以给任何组织带来巨大收益，不仅仅是通过测试计划和假设来确保它们的合理性，更是让所有人都能更清楚地意识到潜在的问题、陷阱和机会。使用红队策略的过程使管理者成为更好的规划者和更深入的思考者。在我担任顾问的公司里，会议结束了，而红队讨论不会结束，它会在走廊里和下一次会议中继续。"红队"迅速成为企业词典中的一个词语，而"咱们用几分钟红队一下这个问题"也变成了一句常用语。

不是只有管理者或领导者才能从红队中受益。本书所教授的工具和技术可以而且应该为任何想更好地计划、更批判性地思考、为自己或组织做出更好决策的人所用。但是，如果你是组织的负责人，你要清楚：如果你只是想证明现有战略和计划的有效性，红队不适合你。请记住，最好的公司和最高效的领导者知道，改进的余地永远存在。如果你的红队没有找到它，那就是失败的红队。因此，只有在你愿意做出改变时才使用红队——那些改变能使你的组织更具竞争力、更成功。如果你对自己的现状感到满意，不想改变，那么就不要使用红队，坐下来等待你的竞争对手为你做这件事吧。

◎ 你想要保持领先，就不能让自己太舒服，这就是红队要做的。

◎ 红队不是对领导层的挑战，也不是愤世嫉俗；红队不是算命，也不是万能药；红队不能替代计划，也不是不行动的借口；红队不仅仅用来管理军队或企业，也不仅仅是给领导者准备的。

◎ 红队是科学也是艺术，红队是思维也是工具，红队是独立的，无处不在的，红队是拥抱变化。

◎ 红队挑战你的计划和它们的前提假设。红队迫使你的企业采取不同的思考方式，引入不同的观点。红队指出你未来的危险，以及如何把它们变成优势。红队可能会让你的组织不太舒服，但它也会帮助你走在前面，领先于竞争对手，应对日益不确定的世界。

RED TEAMING

第 3 章

拒绝思考捷径，
红队的心理学依据

测一测你对红队策略了解多少

1. "9·11"事件之后美国人倾向于以开车代替乘坐飞机，即使数据表明车祸死亡概率远高于飞机失事概率。这种基于情感而非数据做出决策的认知偏差，我们称之为：

    A. 锚固偏见
    B. 自动化偏差
    C. 情感启发式
    D. 可用性启发式

2. 施乐公司即使掌握了前沿计算机技术，仍定义自己为"复印机公司"，而苹果和微软却使用施乐技术成为计算机行业玩家，这是由哪种认知偏差导致的？

    A. 框架效应
    B. 知识诅咒
    C. 确认偏差
    D. 聚集性幻觉

3. 1913 年在蒙特卡洛大赌场，黑色在轮盘上连续出现 26 次，赌徒因此认为连胜情况一定会结束，于是大量投注红色，结果损失数百万法郎。这种认知偏见可归纳为：

    A. 后视偏差
    B. 控制错觉
    C. 损失厌恶
    D. 赌徒谬误

4. 2000 年，一项针对斯坦福大学 MBA 学生的调查发现，87% 的人认为自己的学业成绩排名处于前 50%，可见大多数人有着虚幻的优越感，这是由哪种认知偏差导致的？

    A. 鸵鸟效应
    B. 正常化偏见
    C. 乐观偏见
    D. 结果偏差

很多人认为自己在思考，而实际上他们只是在
重新整理自己的偏见。

——威廉·詹姆斯（William James）

亚当·斯密在 1759 年发现了驱动市场和分配生
活必需品的无形之手，自那以来，人们普遍相信，基
于可用信息人类是可以做出最优决策的。当然也有例
外，但这些意外都被归因于强烈的情绪，如愤怒、恐
惧或对郁金香不健康的痴迷。然而到了 20 世纪 70 年
代，认知心理学家和行为经济学家陆续证明这种理性
选择理论的谬误。丹尼尔·卡尼曼博士和阿莫斯·特
沃斯基（Amos Tversky）博士等研究者进行的大量试
验表明，人类实际上是"可预期的非理性"[1] 的。他

——————————

[1] 卡尼曼因这些成就获得了 2002 年的诺贝尔经济学奖。特沃斯
基于 1996 年去世，所以没能与卡尼曼分享诺贝尔奖。

们发现，我们的大脑会走捷径、抄近路。这使我们能够进行快速思考，对于一个在热带草原上求生的人来说，这是一个优点，深入思考一只狮子舔爪子究竟有何动机并没有什么好处。但是，当我们尝试针对复杂问题做出复杂决策时，例如，是否双倍下注在次级抵押贷款上，走同样的思考捷径可能会惹出大麻烦。

今天，大多数认知心理学家都相信我们依靠两种心理过程来做决策。系统 1 是本能性的和联想性的：它知道火是热的，冰是冷的，有着棕色眼睛、灰色头发和苹果肌的人是你的母亲；它不必经过思考就清楚这些事情，面对明火、冰棒或你的母亲时，这个系统是很有帮助的。系统 2 要复杂得多：它可以告诉你今天的日期，单词"serendipity"中字母的个数，以及是否应该将次级抵押贷款翻倍；它无法直观地知道这些事情，但可以计算出来。因此系统 2 的思考速度比系统 1 要慢很多，要正常运行，还需要投入更多精力和注意力，但是它提供的结果通常非常有价值。[①]

不幸的是，系统 2 有一个严重问题：我们的大脑是懒惰的，因为懒，它往往会转向系统 1 寻求答案。

"我们认为自己是审慎的系统 2。系统 2 阐明判断并做出选择，但它通常认可系统 1 的想法和感觉，并对其进行合理化，"卡尼曼在他著名的《思考，快与慢》（*Thinking, Fast and Slow*）一书中解释道，"你相信自己知道大脑在想什么，通常是一些有意识的想法秩序井然地依次出现。但是，这不是

---

① 虽然哲学家、心理学家威廉·詹姆斯可能是第一个提出这种双重过程理论（Dual-process Theory）的人，但是系统 1 和系统 2 这两个术语的第一次出现，是在基思·斯坦诺维奇（Keith Stanovich）和理查德·韦斯特（Richard West）2000 年发表于《行为与脑科学》（*Behavioral and Brain Sciences*）杂志的文章《推理中的个体差异：理性辩论的关键？》（*Individual Difference in Reasoning: Implications for the Rationality Debate?*）中。

大脑工作的唯一方式，也不是典型方式。大多数的印象和想法，都以你不了解的方式出现在你的意识经验中。"

卡尼曼将系统 1 描述为"一台跳向结论的机器"。这些结论通常是正确的，像火、冰和你的母亲的例子。但是，它们也可能被五花八门的认知偏差和启发式带偏。认知偏差是我们思维中固有的系统性错误，遵循可预测的模式。启发式是一种心理捷径，帮助我们做出快速决策——尽管不一定是正确的。正如特沃斯基和卡尼曼 1974 年在《科学》（Science）杂志上发表的开创性文章中所写的："这些启发式非常有用，但有时它们会导致严重的、系统性的错误。"

幸运的是，红队可以帮助我们规避这些错误。但在开始学习红队之前，我们需要知道这些认知偏差和启发式是什么，以便理解它们如何影响人的思维并加以防范。本章需要消化的内容很多，但这些信息是有效使用红队必不可少的先决条件。最近的一些畅销书和受到好评的书籍，如《思考，快与慢》、《怪诞行为学》（Predictably Irrational）、《瞬变》（Switch）和《助推》（Nudge），详细描述了大脑玩的这些把戏。如果你已经熟悉这些概念，可以跳过本章。但在和国内外高管工作的过程中，我发现很多人其实并不了解。因此，我把一些对商业规划构成最重大威胁的认知偏差和启发式简单罗列在此。

认知偏差和启发式

情感启发式

有时，我们基于强烈的情感而不是客观数据做出决策，我们称之为情感启发式（Affect Heuristic）。积极情感会使我们忽视令人不安的统计数据，这解释了香烟广告的成功；消极情感可能会更严重地扭曲我们的看法。例如，心理学家格尔德·吉仁泽（Gerd Gigerenzer）发现，在华盛顿和纽约遭遇"9·11"恐怖袭击过后的几个月内，美国人和以前相比，乘飞机的可能性降低了，外出时他们更可能选择开车。结果，美国的高速公路事故死亡人数大幅增加，因为即使考虑到恐怖主义的威胁，在车祸中死亡的概率也远远高于飞机失事的概率。事实上，吉仁泽的分析显示，那几个月中，"9·11"事件后人们拒乘飞机导致的死亡人数已经超过了在恐怖袭击中丧生的人数。商业决策同样也会受到强烈的情感的影响。想想在20世纪90年代后期企业家们对网络热潮非理性繁荣的疯狂，以及溢价收购科技企业的那些公司。最夸张的例子是2000年西班牙电信公司特拉网络（Terra Networks）收购互联网搜索引擎公司来科思（Lycos），支付了高达125亿美元的金额。当时来科思已经在走下坡路，收购完成后不久就被人们迅速遗忘，4年后以区区9 540万美元的价格又被卖给了韩国互联网公司多音（Daum）。[1]

RED TEAMING
红队洞察　　｜　　红队通过客观依据而非情感来思考战略和计划，来对抗情感启发式。这样的红队还有助于辨别这种认知倾向对消费者和竞争者的行为能够产生怎样的影响。

锚固偏见

在讨论时，我们听到的第一个数据有时会变成整个讨论的基准。认知心理学家已经发现，在涉及金钱的谈判中，首次报价往往会为双方确定期望值的范围。更高的数字往往会产生更高的期望值；较低的数字则常常会降低期望值。这意味着，第一个数字在讨论双方的头脑中固定下了锚，即产生了锚固偏见（Anchoring Bias）。熟练的谈判者可以利用这一点，用锚固来影响一

---

[1] 6年后，也就是2010年，多音以3 600万美元的价格将来科思卖给了印度的伊布兰特数字公司（Ybrant Digital）。

切，从工会谈判到与供应商谈合同。但锚固也会以隐秘的方式扭曲决策。例如，试验要求两组德国法官先投掷骰子，再去审判一桩假定的刑事案件。骰子做过手脚，一组法官总是掷出 3 点，而另一组总是 9 点。掷出 9 点的法官相比掷出 3 点的，对案件判处的平均刑期要长出 50%。这些法官的决策受到了与这桩假定案件——也可以是和任何一桩刑事案件毫无关系的数字的影响。

RED TEAMING
红队洞察 | 红队通过对相关数字进行客观的审查来减轻锚固偏见的影响。审查人不是最初参与讨论的人士，因此不会受到其他锚固的无意识影响。

自动化偏差

组织尝试减少认知偏差和心理捷径的一种方法，是通过创建自动化系统或程式化流程来消除发生人为错误的可能性。虽然这些系统有助于减少错误并加快决策速度，但它们也可能让人忽略重要信息，从而给出错误建议。问题是，一旦开始依赖自动化系统，人们就不再怀疑它们，从而形成自动化偏差（Automation Bias）。对座舱模拟器中的专业飞行员进行研究发现：当自动化系统未能发出提醒时，超过一半的飞行员因此忽视了重要信息；更糟的是，当这些系统给出错误信息时，飞行员们也会犯危险的错误。自动化偏差已经在现实世界中酿成了惨剧，包括 1972 年东方航空 401 号航班和 2009 年法国航空 447 号航班的失事。自动化交易算法出现的问题则能让企业付出惨痛代价。2012 年，由于新的交易程序出错，骑士资本（Knight Capital）在短短的 45 分钟内损失了 4.4 亿美元，差点破产。随着企业将更多的规划任务委托给人工智能和专家系统，自动化偏差将越来越成问题。

RED TEAMING
红队洞察 | 红队通过对自动化系统生成的建议进行独立、严格的审查来防止自动化偏差。

可用性启发式

我们更信任大脑已经意识到的信息——即便对潜意识中的信息也深信不疑。如果这些信息是戏剧化或情绪化的，尤其如此。我们称这种认知机制为可用性启发式（Availability Heuristic）。24 小时新闻循环播放将这种效应放大到令人不安的程度，这解释了为什么谈论恐怖主义已成为那些意图煽动民意的团体的有效策略。重大新闻事件也可能不成比例地影响我们对财务事务的思考。富兰克林邓普顿基金集团（Franklin Templeton's）的 2012 年全球投资者情绪调查显示，66% 的受访者相信标准普尔 500 指数（S&P 500 Index）在 2009 年出现了下滑或与上年持平，约有一半的受访者对 2010 年和 2011 年表示相同的看跌预期。事实上，标准普尔 500 指数在这 3 年中都在上涨。为什么人们的看法和真实情况会有这样的偏离？这是因为，投资者仍没有从 2008 年全球经济危机的震惊中走出来，危机的严重性致使经济开始复苏之后很长一段时间里，仍持续影响着人们对金融市场的看法。积极信息也会过度影响我们的决定。21 世纪中期房地产业繁荣期间，看到有钱的朋友和邻居都在倒卖房产，大批美国人把毕生积蓄都拿来用于高风险的房地产投资。

RED TEAMING
红队洞察

> 红队通过客观地思考潜在风险和回报来克服可用性启发式，并确保考虑到所有可能性，而不仅仅是那些容易想到的。

从众效应

如果周围的人相信某事是真的，我们就更愿意相信它是真的。相反，如果组织中的其他人认为某事是假的，我们则更有可能相信它不是真的。这种现象叫作从众效应（Bandwagon Effect）。这是群体思维的典型例子，它有助于解释为什么一些意图良好但尚未考虑周全的举措会绑架整个企业，而且这种情形非常普遍。从众效应也能解释加速 2008 年美国房地产市场崩溃的次贷危机的发生。大多数银行开始时并不放心把钱借给那些信用度低或无法提供担保的人，但当看到越来越多的同行出售风险越来越高的贷款产品，他们的疑虑开始消失。从众效应使个人和组织做出违背自己判断的行动，它把理性的思考者变成笨蛋。

　　　　　　 红队通过评估方案可取之处而不是其受欢迎程度来对抗从众效应。

基本比率谬误

我们有一种天然倾向会去忽略一般性信息，而将关注重点放在更具体但不重要的数据上，特别是当这些数据和我们的意图相一致时。一直以来，企业都是这种倾向的受害者。这种倾向导致我们会犯名为基本比率谬误（Base Rate Fallacy）的错误。例如，在 2012 年，克莱斯勒公司一位高管向我表示，他的公司已经克服长期存在的质量问题，取得了"巨大进步"。他的证据是一份内部审计报告，这份报告显示，该公司的一些关键车型故障率与上年同期相比下降了两位数，而故障率是汽车行业用于衡量质量的一个标准指标。这看起来确实成效显著，直到我去查看了市场整体质量排名，发现那些汽车在可靠性方面仍然排在同类车型的最后。克莱斯勒高估了自己所取得的进展，忽视了该行业的基本比率。这种谬误还会以其他方式伤害企业。有些企业把现有客户对新产品或服务的反应用作衡量市场整体反应的良好指标；有些企业基于个别客户的情况吹嘘成功，而忽视了企业市场份额的下降；或者，还有的企业因为喜欢就收购了一家很有潜力的初创公司，而对这个行业整体的高失败率视而不见并予以接受。

　　　　　　 红队通过充分考虑所有背景数据来质疑基本比率谬误。

聚集性幻觉

人类天生喜欢寻找模式，喜欢到无中生有的地步。我们从自己的雀斑中辨认出几何形状，在火星岩石上发现人类面孔，在烤煳的面包上看出宗教图标。其原因就是我们产生了聚集性幻觉（Clustering Illusion）。在第二次世界大战期间，伦敦报纸定期报道首都遭遇火箭袭击的地点地图，催生了各种分析德国人攻击或不攻击目标的理论。其中最受欢迎的一种理论认为，因为似乎有更多的导弹落在了工人阶级的社区，所以德国人一定是刻意瞄准他们而放过富人区，以此来挑起阶级冲突。战争结束后，德国火箭专家嘲笑说，这些早期导弹怎么可能做到如此精确。他们只是对着伦敦乱发一通，希望随便打到什么都行。企业所受这种幻觉的影响，不亚于饱受战争蹂躏的伦敦人。它们从完全随机的数字中看到规律，从无意义的小数据样本中得出重要结论。企业家尤其需要防范这种聚集性幻觉，他们往往会把对新产品或服务的初期高需求误解为有意义的基准。他们扩大生产，雇用更多员工，开设新办公室或扩大产能，当意识到自己扩张过度时，企业已经走向破产。

RED TEAMING
红队洞察 | 红队通过思考数据的其他解释和挑战认知模式来防范聚集性幻觉。

确认偏差

我们更倾向于相信那些支持我们已有信念的信息，或者能够证实我们已有决定正确的信息。我们也倾向于更关注这种信息，而跳过那些与我们的信念相违背的信息。科学家们研究人们的坚定信念受到外界信息确认或质疑时，大脑对这些信息的反应，证明了上述结论。这种处理信息的方式就是所谓的确认偏差（Confirmation Bias）。2004 年美国总统大选期间，埃默里大学（Emory University）的研究人员让党派选民阅读一些看上去自相矛盾的言论，这些言论分别出自以下 3 位总统候选人：共和党的乔治·W. 布什，民主党的约翰·克里和一名政治立场中立的男性名人。在阅读的同时，核磁共振机对选民们的大脑进行同步监测。结果显示，受试者不仅更容易发现对方候选人言论中的矛盾之处，而且他们的大脑对己方党派候选人矛盾言论的处理方式也非常不同。这就解释了为什么我们很难质疑自己的假设，也解释了人们对错误信念的执着。如果一个组织长期保持某种信念，它将很难理会那些与其信念相左的新信息，无论那些信息多么具有说服力。这就是为什么新进入者更容易破坏现有市场，击败老牌玩家，建立游戏规则。

RED TEAMING
红队洞察　｜　红队通过强制组织思考反面观点和替代观点来弥补确认偏差。

知识诅咒

拥有更多知识的人往往无法理解缺少知识的人的思考角度，这种认知倾向被称为知识诅咒（Curse of Knowledge）。当企业预测消费者对产品的可能反应时，这可能成为一个重要障碍。松下电器清楚其等离子电视的技术，远远优于竞争对手所采用的液晶屏技术。大多数视频发烧友对此也很了解。等离子电视的色彩更为饱满、真实，对比度更高，运动模糊少，视角更宽。但是，液晶电视也有一个显著优势：它们在明亮的灯光下显示效果更出色——大型零售商店里的灯光都很明亮。对于松下来说不幸的是，大多数消费者购买电视机时，考虑的不是其技术优点，甚至不是电视机摆在自己家里好看不好看，而是哪台放在电器店的货架上最好看。松下在 2014 年被迫下线了等离子电视，虽然在专业人士眼里，这是最先进的技术。知识诅咒也有助于解释为什么工程师总是看不起市场营销人员，反之亦然。

RED TEAMING
红队洞察

红队通过提供工具，从各种经常为规划所忽视的视角来分析问题，以克服知识诅咒。

框架效应

我们倾向于从相同的信息中得出不同的结论，具体来说，这取决于信息的呈现方式。由呈现方式不同而导致的决策上的不同，我们称之为框架效应（Framing Effect）。广告商和政客们每天都会利用这一点，利用我们天生讨厌吃亏、喜欢占便宜的倾向，来兜售产品和获得支持。但思考框架也可以对企业决策产生重大影响。同一个提案，在展示时强调潜在收益而不是风险，几乎肯定更容易被人接受。思考框架可以以不引人注意的方式影响企业经营决策。个人计算机背后的许多革命性技术都是施乐公司开发的，其 Star 工作站是第一台提供了映射显示器、Windows 图形用户界面、图标、文件夹、以太网、电子邮件和鼠标的商用计算机。但施乐公司认为自己是一家复印机公司。无法超越这个思维框架的施乐在 1981 年推出 Star 时，仅仅把它作为一种文件管理机——"个人办公系统"的一部分来出售，价格在 5 万到 10 万美元。最后，施乐只销售出少量工作站，从未成为计算机行业的玩家。而苹果和微软这样的公司，在不同的框架内看到施乐技术的开创性，并最终用这些技术控制了整个计算机行业。

RED TEAMING
红队洞察

红队通过客观地过滤呈现方式来思考选项本身，以消除框架效应。它还通过产生新见解和观点的方法来重新定义问题。

赌徒谬误 / 热手谬误

这些偏见源于一种错误信念，即未来受到过去发生的事件的影响。赌徒谬误（Gambler's Fallacy）是说，由于某些事情在当前频繁地发生，所以认为它们在未来重现的概率会降低。一个著名的例子发生在 1913 年 8 月 18 日的蒙特卡洛大赌场（Casino de Monte-Carlo），黑色在轮盘赌上连续出现了26 次。随着这个惊人的连胜消息传遍整个赌场，赌徒们蜂拥而至，认为连胜的情况一定会结束，于是大量投注红色，结果，他们为这个错误的想法损失了数百万法郎。

实际上，转出黑色的概率每次都没变，就像即便现实的情况是你连续抛出了 100 次"背面"，抛硬币出现"正面"的概率永远是 50：50[①]。热手谬误（Hot-hand Fallacy）正相反，即错误地相信连胜的状态必然会继续下去。这个名字来源于篮球比赛，比赛中经常得分的球员被称为"热手"。这两种认知偏差都能导致企业将偶然的结果归因于技能，进而做出错误决策。1973年，普林斯顿大学经济学家伯顿·马尔基尔（Burton Malkiel）宣称："蒙住一只猴子的眼睛，让它向报纸的财经版面扔飞镖，据此得到的投资组合并不比投资专家精心挑选的差。" 1988 年，《华尔街日报》决定对该结论进行检验。在接下来的 10 年里，《华尔街日报》举办了 100 次选股比赛，让专业投资经理与蒙着眼睛的记者（因为保险原因没有使用猴子）进行比赛。结果虽然证明马尔基尔是错的，但并不是特别有说服力。投资经理只在 61% 的时间里表现优于记者。所以，一个 CEO 前 3 次的收购大获成功，并不意味着下一次也会这样。热手谬误可能导致企业对员工的期望超过他们的能力，并高看竞争对手的能力。

RED TEAMING
红队洞察 ｜ 红队通过客观分析成功和失败的概率，找出成功和失败的真正原因，并将运气和技能造成的结果进行区分，来抑制这两种谬误。

① 实际上，科学家们已经证明，不管人们希望翻出硬币的哪一面，如果是人类投掷硬币，出现"正面"朝上的可能性是 51：49。如果由机器来抛出，概率则确实是 50：50。

后视偏差

一件事情发生后，我们常常错误地认为，我们本应想到会如此，并能及时避免或加以利用，例如公司股价飙升的情况。这种认知倾向叫作后视偏差（Hindsight Bias）。研究人员发现，后视偏差在医疗保健领域会是一个严重的问题，发病率研究和尸检可能会夸大提前发现疾病的可能性。在商业上，这种认知偏差会导致企业对员工提出不切实际的要求，以及投资者有不合理的投资回报预期。在事后分析中，它会导致人们盯着单一原因，而不是探索导致失败的所有原因。另外，后视偏差也会使成功的规划者过度自信。

RED TEAMING 红队洞察	红队通过全面研究事件发生的原因来减少后视偏差造成的曲解。

控制错觉

我们倾向于夸大自己影响外部环境的能力，这在企业中可能会导致大麻烦。这种认知错误被称为控制错觉（Illusions of Control）。2003 年一项研究发现，在伦敦 4 家投资银行工作的金融交易员中，那些"有较强控制错觉的人表现出较低的利润业绩，收入也少于那些控制错觉较低的研究对象"。该研究还发现，"控制错觉与较差的风险管理和分析之间"有很强的相关性。控制错觉可能导致高管夸大自己寻找和雇用顶尖人才、设计出色产品以及进行融资的能力；也可能导致管理者对自己的计划质疑不足、准备不足。具有讽刺意味的是，研究人员还发现，当人们确实拥有很大控制权时，往往会低估自己实际施加的控制，从而看不到自己为对手的成功所做的"贡献"。

RED TEAMING
红队洞察 | **红队通过寻找每一种效应的实际根源来消除控制错觉。**

损失厌恶

如果只能够二选一，我们大多数人都会选择避免损失，而不是获得回报。这会帮我们避免犯下代价昂贵的错误，却也让我们厌恶风险，不愿抓住机会获利。我们把这种认知倾向叫作损失厌恶（Loss Aversion）。损失厌恶在宝丽来公司（Polaroid）的崩溃中起了很大的作用。宝丽来在 20 世纪 90 年代末已是数码照相领域的领先者，但这家公司的高管们对这项新技术毫无兴趣，也不愿放弃传统的胶片业务。为什么？因为宝丽来在即显胶片上的利润率超过了 65%——远远高于数码相机的利润率。该公司本可以轻松地保持数码领域的领先地位，但却因为传统胶片业务的下滑，于 2001 年破产，最后彻底消失了。损失厌恶助推短期思维，而其往往在之后的较长时间内给企业造成沉痛代价。损失厌恶让维修被推迟，机器一直运转到故障发生，让高绩效员工被忽视，直到为时已晚。

RED TEAMING
红队洞察 | **红队通过客观评估不同选择的风险和回报来帮助克服损失厌恶。**

消极偏见

我们人类大脑天生对不愉快经历的记忆回想得更加生动，所以往往会过度纠结以往糟糕的经历，在考虑未来时会给予它们过多的权重。研究已经发现，在对某件事的影响进行评估时，我们倾向于戴着消极的眼镜来看待整体，也就是说，产生了消极偏见（Negativity Bias）。与损失厌恶一样，消极偏见能够帮我们避免重复犯错，却也可能导致我们低估那些积极经验的价值。一次重大的失败可能会使企业否定过去屡试不爽的成功做法。消极偏见也会影响消费者的看法。用户更容易记住企业的失败而不是成功。当评价我们不喜欢的人或团体时，这种偏见也会发挥作用：我们倾向于将其积极行为归因于外部因素，消极行为归因于他们的内在性格（换作自己，则正相反）。当为一个关键项目或业务部门寻找领导者时，消极偏见也可能从中作梗，并可能使组织看不到竞争对手的强项。

| RED TEAMING
红队洞察 | 红队对消极偏见进行反思，同时考虑正面和负面经验，客观评价个人和组织。 |

正常化偏见

我们很难对灾难未卜先知，所以会低估最坏情况发生的可能性并最小化其潜在的影响。这就是正常化偏见（Normalcy Bias）。正常化偏见解释了为什么有些人在紧急情况下拒绝撤离，以及为什么在"泰坦尼克号"上没有足够的救生艇。同样，它也是企业不能制定好的应急方案、对糟糕情况的预期在事后看来过于乐观的原因。例如，2006 年 1 月，福特公司在北美推出了全面重组计划"前进之路"。该计划预期汽油将持续 10 年的低价，所以市场对大型卡车和运动型多功能车的需求将稳步下降。然而到当年 4 月份时，美国市场上汽油的平均价格已经飙升到每加仑 3 美元，卡车销量也根本没有下滑。纳西姆·尼古拉斯·塔勒布（Nassim Nicholas Taleb）在他的畅销书《黑天鹅》（*The Black Swan*）中讨论了正常化偏见的危险。黑天鹅是超出预期的事件，一旦发生，就会产生重大影响。2001 年 9 月 11 日恐怖袭击事件之后的市场崩溃是一场黑天鹅事件，2008 年的金融危机也是如此。在当今快速变化的世界中，黑天鹅事件的发生更加频繁，令人不安，这也使得正常化偏见比以往任何时候都更需要加以防范。

　红队帮助组织从别人的经验中学习，使用反事实推理评估风险，以此来抵御正常化偏见，这也恰恰是塔勒布建议用来减少黑天鹅事件的方法。

乐观偏见

我们经常低估自身的缺点，高估自身的能力，夸大我们准确预测未来的概率。于是就产生了乐观偏见（Optimism Bias）。心理学家认为，大多数人都有着虚幻的优越感，相信自己比别人强。1977 年，内布拉斯加大学（University of Nebraska）的教授们调查发现，94% 的受访者认为自己在同龄人当中的出色程度在中等以上。2000 年，另外一项针对斯坦福大学 MBA 学生的调查发现，87% 的人认为自己的学业成绩排名处于前 50%，而只有 10% 的人认为自己的定量数学分析能力低于平均水平。竟然有 93% 的美国人相信自己的驾驶技能高于平均水平。虽然这些在统计学上都是不可能的，但这种过度的乐观也不是一无是处。它鼓励我们去冒险，而冒险会推动公司、社会乃至文明前进；它让我们在逆境中坚持不懈。卡尼曼甚至将乐观偏见称为"资本主义的引擎"，但他也指出，大量企业特别是小企业的失败也是因为它。虽然只有 35% 的美国小企业能存活 5 年以上，但研究表明，美国企业家普遍认为自己的企业有 60% 的成功机会，33% 的人认为自己不可能失败。

　红队对成功进行客观评估，包括组织真实能力的实际构成要素、战略计划的真实风险，通过这种方式来克服乐观偏见。

鸵鸟效应

没有人会喜欢坏消息，更多的是积极、不自觉地回避或无视它。这是我们大脑认知上产生的鸵鸟效应（Ostrich Effect）。研究人员已经发现，我们经常不遗余力地忽视那些与我们的假设相矛盾或相反的信息和数据。2009年对瑞典和美国投资者的一项研究发现，他们在熊市期间检查投资价值的可能性要小得多。这是一个危险的趋势，因为它会导致我们在分析中忽略负面或矛盾的数据，使结论扭曲并引导我们做出错误的决定。

RED TEAMING
红队洞察 　　红队通过努力找出质疑战略或计划的基本假设和数据，来防止鸵鸟效应，确保问题的所有方面都得到彻底检查，但即使这样也不能保证万无一失。

结果偏差

人们偏爱赢家，所以如果一个决定的结果还不错，我们自然会认为这个决定是正确的。这是我们认知上出现的结果偏差（Outcome Bias）。但如果只是运气好呢？没有一个聪明人会认为酒驾是个好主意，从酒吧出来安全开车到家没被撞死或撞死别人，仅仅是侥幸而已。然而在商业中，一旦计划或战略成功，我们就不会再去质疑了。我们也倾向于给予那些有成功纪录的人更多的信任，而不去分析他们成功的原因。记住，过去的表现并不能保证未来的盈利能力。

RED TEAMING
红队洞察 　　红队通过对获得成功的战略进行批判性分析，来检验这些战略是否能在未来继续有效，以此减少结果偏差，并积极寻找可能更成功的替代方案。

过分自信

成功也会导致我们对自己的专业知识过分自信（Overconfidence）。最能证明这一点的莫过于菲利普·E. 泰洛克（Philip E. Tetlock）领导的一项正在进行的研究，该研究让华尔街、情报界和学术界的顶尖预测专家，与两

万名左右没有预测专长的业余人士展开竞争。2011 年，泰洛克第一次组建
了"求知若渴的业余人士"小组。每年，该小组成员都会被问到一些问题：
日经指数是否会在某一特定日期前超过 9 500 点？黄金价格会超过 1 850 美
元吗？石油输出国组织（OPEC）会减产吗？希腊会退出欧元区吗？同样的
问题也会抛给业内顶级专家和预言家组成的 4 个小组。结果令人震惊。业
余选手的表现一直远远超过专家，其中前 2% 的人甚至超过了掌握机密信
息的情报分析人员。他们是怎么做到的？泰洛克发现，非专业人士以一种
更开放的心态对待这些问题，对他们最初的结论不太确定，在提交答案之
前，更有可能考虑关于问题的各种观点。正如他在 2015 年的著作《超预测》
（*Superforecasting*）中所解释的那样："预测并不是一种与生俱来的神秘天赋。
它是特定思维方式、信息收集和信念更新的产物。"泰洛克发现，专家们不
太愿意征求别人的意见，只依据自己现有的观点做出决定。这也解释了为什
么在过去的 10 年里，四分之三的美国股票共同基金都没能跑赢市场。

RED TEAMING
红队洞察

　　红队要求专家不仅仅依靠专业知识来证明其建议的有效
性，以此来解决过分自信的问题。红队的运作方式与泰洛克的
"超级预测者"非常相似：他们以开放的态度处理问题，收集尽
可能多的信息，挑战自己的偏见和假设，然后得出结论。

计划谬误

　　用特沃斯基和卡尼曼的话来说，计划谬误（Planning Fallacy）指的是做
出"不切实际地接近最佳情况"的预测和计划的倾向。卡尼曼引用了 2005
年的一项研究，该研究考查了 1969 年至 1998 年期间在世界各地修建的铁路
项目。在超过 90% 的时间里，规划者们都高估了利用这些设施的乘客人数。
尽管这些问题被广泛报道，数据也很容易获得，但似乎并没有对后来规划者
的预期起到任何作用，他们将新铁路项目的乘客人数平均高估了 106%，导
致成本平均超支 45%。在如今的大数据时代，商业规划者已经完全可以将

预估数据建立在统计证据的基础上了。然而很多时候，人们仍然更愿意拍拍脑袋做出决定。

红队将预测结果与之前的类似案例进行比较，寻找相关数据，匹配目标和指标，来防止计划谬误。

回归谬误

所谓回归谬误（Regression Fallacy），与其说是一种偏见或启发式，不如说是对一条统计学真理的严重忽视，即均值回归的规律。对同一变量的测量值，首次测量的结果越极端，在之后的测量中越会趋近平均值。不理解这一规律，对世界的运作方式就会得出各种错误的结论。为了证明这一点，卡尼曼先抛出一个声明——"采用能量饮料治疗的抑郁儿童，在 3 个月里病情会有显著的改善"，然后再解释其背后的原因。

这篇报纸文章的标题是我编造的，但它所报道的内容却是真实的：如果你用能量饮料治疗一群患抑郁症的孩子一段时间，他们的病情将显示出临床上的显著改善。每天花一些时间仰头站立或抱猫 20 分钟的抑郁儿童，其病情也会有所改善。读了这些标题，大多数读者会自动推断能量饮料或抱猫能够治疗抑郁，但这样的结论是没有科学依据的。抑郁儿童是一个极端组，他们比大多数其他孩子更加抑郁，而随着时间的推移，极端组的测量值会向平均水平回归。在连续几次测试中，抑郁症状评分之间的相关性并不完美，因此，会有均值回归的现象：就算不抱猫，不喝红牛，抑郁症儿童的病情也会随着时间的推移而有所好转。

这对企业的意义重大。有多少管理理论无非是合理的统计偏差或偶然的运气？卡尼曼发现，平均而言，在研究结束后的一段时间里，吉姆·柯林斯所著的《基业长青》（*Built to Last*）一书中介绍的杰出公司和不太成功的公司，它们之间盈利能力和股票回报率的差距缩小到几乎为零。而汤姆·彼得斯（Thomas Peters）和罗伯特·沃特曼（Robert Waterman）合著的《追求卓越》（*In Search of Excellence*）一书中所列公司的平均利润率也大幅下降。一项对《财富》（*Fortune*）杂志"最受赞赏企业"的研究发现，在过去的 20 年里，评级最差的公司其股票回报率要比最受赞赏的公司高出很多。当然，考虑到市场的周期性，指望一家公司永远保持领先是不公平的。我和一些商业研究人士都认为，即使是从那些暂时成功的公司身上也能获得有价值的见解。但重要的是要记住，有时，企业和领导它们的男男女女只是幸运或不幸运而已。

| RED TEAMING 红队洞察 | 红队通过确保在评估过去成绩和规划未来时考虑到均值回归的可能性，来减少回归谬误。 |

现状偏见

人类倾向于保持现状，这会对我们的选择产生很大的影响。我们称之为现状偏见（Status Quo Bias）。一项针对美国股票共同基金投资者的研究发现，即使已经不再是最优选择，他们仍然强烈地倾向于维持目前的资产配置。研究人员还发现，当投资者获得更多选择的机会时，这种偏好更得到了强化。换句话说，就算有选择，很多人也宁愿不选择。相关的偏见包括存在偏见（Existence Bias），指的是仅仅因为某物已经存在就认为它是好东西；还有长寿偏见（Longevity Bias），指的是一件事物存在越久，人们越倾向于认为它会继续存在下去。现状偏见有助于解释为什么一些公司坚持遵循无效的流程，以及为什么它们一次又一次地犯同样的错误。

红队通过迫使组织检查自己的战略和计划，并确认它们仍然是最佳选择，来抵制现状偏见。

沉没成本谬误

即使明知道目前的行动将导致更大的损失，我们中的大多数人也很难做到及时止损。这有助于解释为什么制造商即使在亏损的情况下仍然保持工厂运转，为什么失败的产品仍然在货架上，为什么无能的 CEO 会被续约。沉没的成本不一定是金钱；它也可以是时间、政治资本或任何其他有限资源。这样一种名为沉没成本谬误（Sunk-cost Fallacy）的思维方式，也可能导致非理性升级，在这种情况下，我们不断增加投资，以达到预期结果，但最终，我们会付出远远超出实际价值的代价，那些赢得竞购战的人都清楚这一点。

红队客观分析失败战略或计划的未来风险，而不考虑已经发生的成本，从而防止组织成为沉没成本的受害者。

时间贴现

时间贴现（Temporal Discounting）指的是一系列与我们渴望需求得到即时满足有关的偏见。我们大多数人宁愿马上得到一粒芝麻，也不愿等到明天的西瓜；我们更喜欢推迟解决问题，尽管这会使我们将来处理这些问题的成本更高；我们大都很难理解复利。有些决定，短期来看是好的，但实际上会对未来有负面结果，而时间贴现效应会让我们故意去淡化这些负面的未来。所以我们看到，人们总是更关注一项行动的直接后果，而不愿意充分考虑其长期影响。这会让企业面临巨大后果。然而，即便这样，许多公司仍然是等到迫不得已才去解决问题，投资者也更强调短期成功而不是长期盈利。

RED TEAMING
红队洞察

> 红队通过迫使组织同时考虑决策的长期影响及短期影响，来解决时间贴现问题。

———————◆———————

并不是所有的认知心理学家都认同这些认知偏差和启发式在我们的思维过程中扮演了非常核心的有害的角色。加里·克莱因就是怀疑者之一。他认为人们在决策方面做得要比卡尼曼说得好。克莱因做的几项重要研究也证明了我们能够在不知不觉中，利用经验的力量做出正确、直观的决策，但他对我们大脑的局限性也表示了担忧。

克莱因说："我更担心从经验中吸取教训的困难。我们常常看不到因果之间的明确联系。太多变数的介入和时间的推延也让事情变得更复杂。"关于自然主义决策，他曾写过一篇非常精彩的论文，名叫《直击决策真相：揭秘是什么在影响你做决定》(Sources of Power: How People Make Decisions)。其中写道："如果管理者发现自己如期成功并低成本地完成了某个项目，那么，这种成功是源于他们的能力、下属的能力、突然而至的好运气、来自高层管理者的干预，还是所有这些因素的综合？或者还有其他原因？这很难说。我们可以从错误中吸取教训。每当我们试图讲述一个关于经验的故事，其实都在冒着误解这些经验并在错误战略上下注的风险。"

心智模型

我们的决策过程也受到思维模式的影响——通常是无意识的。管理专家彼得·圣吉将"思维模式"定义为"影响我们如何理解世界和采取行动的那些根深蒂固的假设、归纳，甚至图片和意象"。思维模式与我们的认知偏差和启发式有关，而且往往由它们所塑造。和这些认知偏差、启发式一样，思维模式有着一个重要的功能——就是至少在某种程度上，帮助我们理解复杂的现实。但它也会让我们形成定势，很难改变对现实的看法。我们常常意识不到自己对思维模式的依赖，即使面对新的证据和见解，也毫不质疑。彼得·圣吉在他 1990 年出版的经典著作《第五项修炼》中举了一个例子：

> 我永远不会忘记 20 多年前，一群底特律汽车厂商高管首次访问日本汽车工厂之后，我去拜访他们的情景。当时，美国的汽车制造商正逐渐意识到，日本汽车行业的市场份额和利润正在稳步增长——这可能归功于它们的管理方式，而不仅仅是廉价劳动力或市场壁垒。在谈话中，我明显感受到底特律高管们的不满意。我问为什么，其中一个说："他们没有给我们看真正的工厂。"当我问他这是什么意思时，他回答说："这些工厂都没有存货。我从事制造业近 30 年了，我可以告诉你，那些都不是真正的工厂。他们显然只是做给我们看而已。"今天，我们都知道它们确实是真正的工厂。日本人多年来一直在研究准时制库存系统（"Just In Time" Inventory System），大大减少了整个制造系统对在制品库存的需求。

我们的思维模式往往没有经过检验，它们与不断发展的现实之间的差距也会随着时间的推移而增大。这样我们不仅不能利用新的创新，行动也会变得越来越没有效率。

RED TEAMING
红队洞察　　│　　红队通过逆向思维挑战我们的思维模式，迫使我们重新审视它们。通过这样做，红队让我们有机会可以修改我们的思维模式，并确保它们更好地与当前的现实保持一致。

群体思维和其他组织缺陷

组织也容易在决策过程中趋向非理性化。非理性倾向如果在企业文化中根深蒂固，就很难被隔离和消灭。这时，红队同样能帮上忙。

群体思维

欧文·贾尼斯（Irving Janis）对群体思维有个著名的定义，指"高内聚力的决策群体不惜一切代价达成共识，压制不同意见和不同方案支持者的思维倾向"。一般情况下，群体思维使组织很难质疑自己的假设，从而难以接受新的思维模式。但是群体思维的坏处远不止于此，它还会导致一些团体做出不合理的决策。许多著名的商业失败案例都归咎于群体思维，例如瑞士航空公司的倒闭和安然公司的崩溃。

贾尼斯找出了群体思维的 8 种表现：

① 无敌幻想：相信群体不会失败。

② 道德性：相信群体动机天然就是好的和正确的。

③ 合理化：倾向于"搪塞"矛盾的信息或数据。

④ 成见化：将群体的反对者说成邪恶或愚蠢的倾向。

⑤ 自我审查：群体成员怀疑自我的倾向。

⑥ 一致性幻觉：坚信沉默等于同意。

⑦ 思想卫士：自我指派思想警察，积极地把可能挑战群体假设的信息隔离在外。

⑧ 服从：将异议者视为不忠的倾向。

今天，各种研究让我们加深了对群体思维本质和成因的理解，但对于我

们中间那些为大公司或政府官僚机构工作的人来说，这些"症状"其实早已
是习以为常的了。

| RED TEAMING 红队洞察 | **红队通过直接挑战组织的假设并积极鼓励反对意见来对抗群体思维。** |

阿比林悖论

阿比林悖论（Abilene Paradox）现象与群体思维相似，但群体思维发生
在无意识里，而阿比林悖论是指群体成员有意识地违背自己的意愿或信念，
以保持群体和谐与凝聚力。我们因此口是心非。这个词是管理专家杰里·B.
哈维（Jerry B. Harvey）创造的。一次前往得克萨斯州阿比林的家庭旅行，
实际上没有人想去，哈维用这个事例来说明他眼中的组织失灵的根源：协商
能力低下。当一群人中没有人愿意谈论房间里的大象时，就会出现阿比林悖
论。从阿比林不是理想的家庭旅行目的地，到一个看起来不错但实际上行不
通的计划，"大象"可以是任何事情。

| RED TEAMING 红队洞察 | **红队可以通过询问组织旅行是否真的必要来解决阿比林悖论。** |

服从

我们对服从（Conformity）的渴望是如此强烈，以至于在最基本的层面
上扭曲了我们对现实的看法。心理学家所罗门·阿施（Solomon Asch）在
1951 年开始的一系列试验中以著名的方式证明了这一点。阿施告诉受试者，
他们正在参与一项感知研究，并给了他们一对卡片（如图 3-1 所示）。第一
张卡片（图 I ）上面画着一条直线。第二张（图 II ）上面有 3 条直线：A

线明显短于第一张卡片上的线，B 线明显更长，C 线与第一张卡片上的线等长。

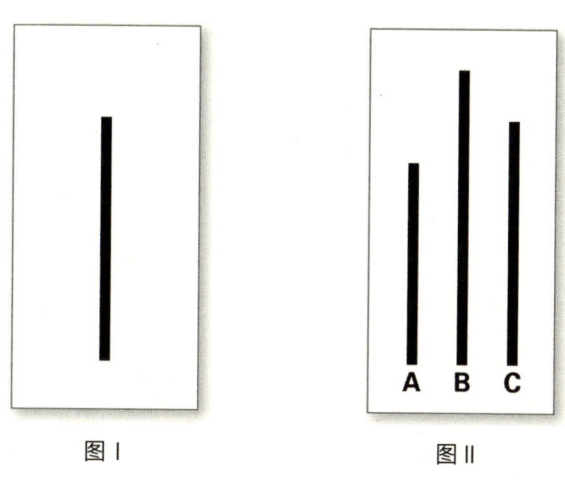

图 I   图 II

图 3-1　阿施试验用的卡片

　　阿施接着要求参与者确定 3 条线中的哪条与第一张卡片上的线一样长。这个任务很简单，在对照组中，错误率低于 1%。但阿施并不是真的在研究感知，他的大部分受试者都没有被纳入对照组。相反，他们被分配到和另外 7 名学生一组，这些学生都是演员。小组收到卡片，每个人都被要求说出第二张卡片上的哪一条线与第一张卡片上的线等长。演员们总是被邀请先做出回答并都给出了完全相同的答案。在前两轮中，演员们给出的是正确答案；在接下来的 16 轮中，他们一致地给出了 12 次错误的答案。令人惊讶的是，75% 的实际受试对象在这些回合中，至少有一轮也给出了错误答案。

　　阿施还发现，在每一轮中，只要有一个演员给出了与大多数演员不同的答案，就会大大降低受试对象重复大多数人的错误答案的概率。唯一的反对声音甚至不必给出正确的答案，仅仅通过提供一个不同的视角，就能让受试对象进行独立思考。

> **红队通过在组织中扮演唯一的反对声音，帮助其他人独立思考。**

满意即可

满意即可（Satisficing）是指在做决策时，直接选第一个可行选项，即使这个选项并不是最优选择。这种倾向由赫伯特·A. 西蒙（Herbert A. Simon）发现。满意即可模式可以很有价值，特别是在有时间限制的决策情境中。问题是，有时组织会使用满意即可模式作为他们的默认决策方法，即使他们有足够的时间和资源更彻底地分析所有选择。

> **在时间和资源允许的情况下，红队会挑战组织，使其更深入地探索并寻找最佳解决方案。**

拒绝思考捷径，防范非理性决策

阅读这些认知偏差和启发式，可能会让你感觉吞下了红色药片，睁开眼睛看清了"母体"（Matrix）。它们让你无法安然入睡。它们会让你怀疑自己所做过的决定，并在未来做决定时犹豫不决。作为利文沃斯堡红队培训课程的一部分，我花了数天时间研究人类决策的科学和心理学，我和我的同学发现，这样做了之后，连点个比萨也变得困难起来。你到底是真的想要蘑菇比萨，还是只是选择了随大流？

但是，我们的大脑容易受到这些认知偏差的影响，喜欢走捷径，并不意味着我们注定要做出错误的判断或决定。意识到这些认知偏差和思维模式对理性决策的威胁，我们就可以有效防范它们。使用红队策略也可以帮助我们的组织避免受到这些思维缺陷的影响。

就算我们可能真的不知道我们不知道什么，我们还是可以用红队来找出答案。

◎ 我们的大脑会走捷径、抄近路，这可以帮助我们快速决策，但有时它们会导致严重的、系统性的错误。

◎ 有时，我们基于强烈的情感而不是客观数据做出决策；在讨论中，我们听到的第一个数据往往会变成整个讨论的基准；如果周围的人相信某事是真的，我们就更愿意相信它是真的；我们天生喜欢寻找模式，喜欢到无中生有的地步——所有的这些认知偏差和启发式，都可以用红队来解决。

◎ 红队通过客观依据而非情感来思考战略和计划，红队通过对所有相关数据进行客观的审查来减轻锚固偏见的影响，红队的运作方式与"超级预测者"非常相似：以开放的态度处理问题，收集尽可能多的信息，挑战自己的偏见和假设，然后得出结论。

◎ 红队通过逆向思维挑战我们的思维模式，迫使我们重新审视它们。红队让我们有机会修改自己的思维模式，以确保它们更好地与当前的现实保持一致。

RED
TEAMING

第 4 章

让组织无坚不摧，
红队的组建与进化

测一测你对红队策略了解多少

1. 红队有几种不同的模式，其中哪一种可以为组织提供按需
   应变的红队能力？

   A. 非正式红队
   B. 外部红队
   C. 辅助红队
   D. 专用红队

2. 内部红队的最佳规模是多少人？

   A. 2 ~ 4 人
   B. 5 ~ 11 人
   C. 12 ~ 15 人
   D. 15 ~ 20 人

3. 下列哪一项不是组建一支强大红队的关键原则？

   A. 红队成员需要满足多样性，包括教育背景、职业经历和个性特征等
   B. 优秀的红队成员具有良好的沟通技巧
   C. 优秀的红队队员拥有自信、开放的个性特征
   D. 优秀的红队队员要有对权力的欲望和追求

4. 在组建红队时，找到合适的人担任队长至关重要。下列哪
   一项不是红队队长须具备的品质？

   A. 敢于理直气壮对权力机构说出真相
   B. 要有强大的气场统一团队成员的意见
   C. 扎实掌握红队背后的科学和心理学
   D. 对于红队的工具和技术活学活用，灵活调整红队过程

夫未战而庙算胜者，得算多也；未战而庙算不胜者，得算少也。多算胜，少算不胜，而况于无算乎！

——《孙子兵法》

2014 年 10 月，伦敦，一个下着雨的下午，我快步穿过皇家骑兵卫队大道（Horse Guards Road），跑进一道不起眼的小门。小门位于克莱夫石阶路（Clive Steps）的尽头，英国财政部（Her Majesty's Treasury）的角落里，通往一个僻静的地下室。我在门厅里甩了甩伞上的雨水，走进了这个地下空间的大堂。这处黑暗的掩体，实际上是第二次世界大战时期温斯顿·丘吉尔的指挥总部所在地。深知这间当时被称为"内阁战时办公室"的历史遗址的重要性，英国政府特意将这些幽闭恐怖的房间保存完好，保持了它们在战争结束时的样子，所以你今天仍能看到丘吉尔办公桌上烟灰缸里的那半支雪茄。走在狭窄、昏暗的走廊，我震惊于这个狭小、戒备森严的空间里塞满的信息。墙上，包括丘吉尔的卧房墙壁，都被地图和报告所覆盖，展示着盟军在每个战区的位置和每周袭击伦敦的 V-2 火箭数量。可能正是这些导弹和德国空军轰炸机迫使英国首相转入地下，但是掩体墙壁上的大量数据以及在迷宫一样的地下空间中蜿蜒而过的电话线、电报线，都清楚地表明他从未停止过从地面上获取新的洞察和信息。

隐藏在 63 号门后面的密室最能说明这一点。门上面的警告标志提示此门常锁，当时掩体中大部分工作人员也被告知，里面是丘吉尔的专用洗手间，所以首相常常消失在其中，过一会儿又浑身散发着雪茄味儿走出来。但事实上，这个小房间里有一条直拨美国白宫的电话线。这个秘密电话亭提供了安全连接和隐私性，因此丘吉尔才能在闲暇时与富兰克林·罗斯福总统交谈。两个人经常花一个小时的时间讨论战争的进展，互相交换意见，剖析当时人类面临的重大议题。

丘吉尔的掩体被密封在坚固的防爆门后面，但它可不是一个与世隔绝的空间。相反，它是一个神经中枢，吸收了来自世界各地的信息和思想，为首相提供了拯救世界摆脱法西斯主义所需的智力弹药。

如果你研究过阿道夫·希特勒的柏林元首地堡（Führerbunker）的内部照片，会发现对比是惊人的。是的，会议室里陈列了几张地图。但大多数的墙壁，包括希特勒的私人房间，都是光秃秃的——除了一幅掠夺来的奇怪的画，几乎毫无装饰。希特勒用德国的往日荣光包围自己，这些历史存在于那些油画当中，就像琥珀中的昆虫。他的周围没有图表和数字。当将军们为令人沮丧的战况发愁时，希特勒却无情地谴责他们无能，在他臭名昭著的长篇大论中嘲笑他们。丘吉尔也和自己的将军们争论，但他从不否定他们。

"在柏林元首地堡不行，"当我问史蒂夫·罗特科夫上校成功的红队需要什么条件时，他这样告诉我，"要使用红队，你需要有上层的掩护。你需要从组织的高层领导那里得到支持。你需要他们接受新的想法和见解。他们必须、至少愿意相信他们的战略和计划有改进的空间。否则，红队就没有多大意义。"

一旦你的组织拥有红队所需的高层支持，并且准备好接受红队作为其规划过程的一部分，下一步就是决定创建什么样的红队，或者，你是否想要建立一个常设红队。

选择最适合的红队模式，提升组织竞争力

红队可以正式或非正式地进行。它可以由企业高管团队的成员来完成，而要成为这个特设委员会的一员，必须擅长批判性思维；或由一个专门的红队团队完成，其唯一的使命就是提供一套新视角来检查组织的战略和计划；它也可以由内部专家或外部顾问领导。红队有几种不同的模式，每种都有其优点和缺点；选择哪种取决于你的公司、组织、部门或团队希望从红队中获得什么，以及你们愿意并能够投入的资源有多少。

红队模式一：非正式红队

你的高管或者规划人员可以简单使用本书提供的一种或多种红队技术，在实施一项计划或战略之前进行深入的检查，而不用建立真正的红队，甚至不用经过练习。当然，我并不会推荐这种方式，因为它缺乏正式红队练习分析的严谨性和客观性。参与这种非正式分析的人可能已经对战略或计划有了意见，从而更容易成为偏见的受害者，更不用说群体思维和其他组织压力

了。尽管如此，使用本书中的工具和技术能帮你更好地规划，更清楚地思考企业所面临的挑战和机遇。但要知道，这与正式红队是不一样的。

红队模式二：外部红队

你的组织可以聘请一家红队咨询公司来对战略或计划进行分析，而不是自己花钱建立和维护一个内部常设红队。这种方法的优点是成本可预期，时间投入少，并且方便省事，就像你平时打电话给管理顾问一样。外部独立红队对组织不会存有偏见，不受组织内部政治影响，可以向高层领导提供坦诚的评估结果。但这种模式也有明显的缺点。外部红队可能会因为对你所在的企业、行业或竞争环境不太熟悉，而错过重要的细节。这种重大的缺陷也可能导致高级管理层对红队的调查结果不予采纳。此外，引进外部红队势必会与组织内成员形成对立关系。正如丹尼尔·卡尼曼告诉我的那样："每当聘请外部顾问时，你都会遇到同样的问题。公司里有一些人的工作就是解决问题（那些即将交给红队分析的问题）。这些成员将尽一切努力破坏红队，制造障碍，拒绝提供信息，让红队出丑。"

红队模式三：辅助红队

这种方法是请一名或多名外部红队领导者作为推动者。这些训练有素的专家与你的组织的领导团队合作，对特定的战略或计划进行严格分析。使用外部红队专家可以缓解群体思维并迫使团队成员挑战他们的假设，检查他们的认知偏差。让公司的领导参与分析并自己得出结论，有助于确保红队的调查结果得到认真对待而不是被忽视。使用外部红队专家辅助还使团队能够从红队专家的经验和见解中获益。这种模式的另一个优点是它不需要你的组织支付红队的培训费用，也不需要你配置人力给一支常设红队。与外部红队一样，成本是预先可知的，公司可以很轻松地启动红队。该方法不足之处在于，它不能为你提供内部按需应变的红队能力，而这种能力是非常有价值的——特别是对大型组织来说。另外，这种模式在改变组织文化方面能力有限，而这点却会是红队的一个重要优势。

红队模式四：特设红队

这种模式依赖于一位训练有素的内部红队领导者将来自组织内部的红队团队聚集在一起，根据需要分析战略、计划和问题。这种方法有很多优点，也有明显的缺点。它可以确保所有红队参与者都熟悉你的公司和行业，但这也意味着他们容易产生影响组织其他部门的相同的认知偏差和群体思维。特设红队很难被忽视，因为其工作通常是由公司的高级成员完成的，所以很容易受制于内部政治。这种方法为企业提供来自内部的、按需红队的能力，但其他工作职责可能会使成员难以为红队投入足够的时间和精力。主要的费用是培训一名员工成为红队领导者，但这也是对发展领导能力的一项宝贵投资。事实上，这种方法可以在整个组织中传播红队，并使企业文化更崇尚深思熟虑和严谨性——尤其是采用红队领导轮值的方式，让其成为高管职业上升阶梯的必经之路。随着时间的推移，采用这种方法的企业最终会收获一支精通红队技术的高层领导团队，他们是更优秀的规划者、战略师和更敏捷的思想家。

红队模式五：专用红队

这是红队的原始模式，是指建立一个长期的、常设的和专门的分析人员队伍，其成员接受过全面的红队工具和技术培训。该团队的唯一目标是对组织战略、计划提供替代分析和严格审查。这一模式也可用于分析个别问题和作战模拟中的竞争对手。

这种方法的优势在于，如果组织和利用得当，它能够提供一种按需应变的内部红队能力，而且不受公司内部政治的影响，不会受到群体思维和其他组织偏见的影响。此外，专用红队有足够的时间和空间来进行全面分析，探索各种备选方案和可能性。这些常设红队也可以随时监控战略或计划，并在战略或计划执行时继续为员工提供意见和支持。这使组织能够更快地适应不断变化的商业环境，充分利用新的机会。理想情况下，红队的表现将根据其分析的深度和挑战组织假设的能力来判断，让红队可以自由地进行不同的思考和不加掩饰的评估，并使其成为推动长期成功的有力工具。

这种模式的主要缺点是成本高，无论是在金钱还是人才方面。要让红队充分发挥其作用，你需要指派组织中最优秀和最聪明的人员来执行红队。将这些人才配置到常设红队，就意味着他们无法兼顾其他工作。因此，这种方法对于大型企业来说可能是一个更好的选择，可以通过轮换员工进出红队来实现。专用红队也面临着与组织其他部门形成对立的风险。一个有经验的红队领导会阻止这种情况的发生，但重要的是确保红队和常规规划人员都不会采取"我们他们"这种区分彼此的心态。

让红队模式进化，进一步为组织赋能

美国陆军最初的构想要求在战区、师、旅和团，一级一支，建立永久性的常设红队——每支队伍都由一群训练有素的红队队员组成，并由一名合格的红队队长领导。这种方法通常相当有效，但并不总是如此。

军队红队在调整自己以适应所属组织时表现出色，并且很快向所服务的领导者展示了自身的价值。但是，当团队坚持要与组织的其他成员保持距离时，他们遇到了问题；在竭力证明自己比别人更聪明这件事上，也做得有些过火了。这种复杂背景，加上中东部队缩编和华盛顿预算战导致的严酷的财政现实，迫使美国军方重新考虑其采纳红队的方式。最后，军队决定在一级战区保留专用红队 [①]，在其他地方则更多地使用特设红队。

"我们在培训参谋人员时，除了让他们履行其他职责之外，还会让他们担任红队队长和红队队员。他们都有其他日常工作，但是他们的指挥官可以在必要的时候把人召集起来，去研究一个问题或分析一项计划，"罗特科夫解释说，"这种做法非常成功，这也是为什么我们的项目在预算缩减和财政紧缩时期仍然继续扩大的原因。"

北约替代分析项目的团队经常提供这种支持，由训练有素的分析师带领联盟内不同组织进行红队演习，而不必让每个组织都拥有自己的常设红队。

"我们没有常设红队，因为北约的文化是保持礼貌。当欧洲人和美国人一起工作时，严苛的处事方式并不一定有帮助。所以，我们有必要创造一个中间地带，"北约替代分析项目负责人约翰尼斯·德·奈斯说，"我们不是利益相关者。我们总是在支持别人。这有助于我们与某一特定选择或结果之间保持独立。"

美国海军陆战队的红队做法略有不同。

"我们既有常设的红队，也有临时特设的红队，"雷·达姆上校说，"陆军中的红队可能比海军陆战队的更规范化。我们的做法不那么正式。"

新西兰国防军红队项目的负责人克丽丝蒂·希尔（Kristy Hill）说，她的国家决定以美国海军陆战队为榜样。

---

① 即便是这一层级的红队，也在 2017 年财政年度末尾被逐步废弃。

希尔说："新西兰人相当务实且喜欢独立思考。因为我们的军队规模很小，每个人都必须身兼数职。我们的目的是建立一支随时待命的红队领导者队伍。"

而另外一边，英国国防部已经建立了一种设计精良、高度结构化的红队，它依赖于两个专职的分析师团队，并引入不同视角的外部红队成员加以增援。其中一个团队，被称为分解者，任务是将计划各部分加以分解，并提取出其依据的所有已陈述的和隐含的假设。另一个团队被称为制图者，负责将这些原始数据转化为图表，显示出连接这些假设的相关性和因果性。制图者分析这张图表，找出薄弱环节和不一致之处，然后在准备最终报告之前，与分解者一起检查分析结果。重点是将计划背后的思想与计划制订者提出这些思想的方式分开。英国国防部已经开发了自己的三维制图软件来显示这些数据，既是为了红队，也是方便为高级军官们提供简报。

"恕我直言，大多数高级军官都讨厌报告，"制图组的负责人汤姆·朗兰准将说，"面对一场冗长的口头汇报会，他们会目光呆滞，而且坚持不了30分钟。但是如果你把问题绘制成一张地图，就能吸引他们的注意力。他们很感兴趣，而且能问对问题。所以这就是我们要做的。最后，我们会得到一张概念图，它将非常清楚地显示是否有一个逻辑贯穿整个过程，或者是否有一些想法看起来非常有吸引力，听起来很棒，但实际上与我们正在谈论的内容并没有真正的关系。"

如果红队是一个由训练有素的专家组成的独立小组，而这些专家们唯一的目标就是提供决策支持和替代分析，这当然是最有效的红队方式，但并不总是切实可行的——甚至是不可取的。

"最近一次全球经济危机之后，全世界的企业都面临巨大压力，它们迫切需要降低成本并将其维持在低水平上，尤其是高层的人力成本。这使得创建一支专用红队对很多公司而言都是不现实的，"日本政策投资银行旗下DBJ 投资咨询公司的董事长哈里·村上指出，"但这并不意味着他们没有办法使用红队。"

企业刚刚开始尝试红队。大多数都采取了非正式的形式，而不是美国军队那样的全职内部红队。然而，很多公司包括总部位于休斯敦的投资管理公司沃恩·纳尔逊（Vaughan Nelson）都称：即便这样，红队也带来了巨大红利。

沃恩·纳尔逊主要与大型机构客户合作，它使用红队，作为从竞争激烈的领域脱颖而出的方式之一。与大多数公司采用的正式投资委员会模式不同，沃恩·纳尔逊鼓励投资经理制订一项投资计划，再努力推销给同事，然后就像预估到同事要找出这项计划会失败的可能性一样，为该计划辩白。

高级投资经理斯科特·韦伯（Scott Weber）解释说："整个过程在我们所谓的'大厅争吵'中达到高潮——就在我办公室外的走廊上。这样做的目的不是为了开一个 30 分钟的会。这只是后退一步，创造一个红队环境——不是对抗性的，而是互相挑战，确保我们真的考虑到了所有的事情。我称它为魔鬼辩护人委员会。"

一家美国最早接受正式红队的大型保险公司表示，这种特设红队的方法是唯一对它有意义的方法，它的红队会定期开会，不管是否有具体的计划要研究。

"我们负担不起一个永久常设的红队，"该团队的领导者说，出于竞争原因，对方要求我隐去他本人和公司的名字，"我们必须限制投入红队中的时间，因为我们都有需要完成的日常工作。同时，我们认同定期会面是很重要的，这样就不会失去作为一个团队的凝聚力。而且，总有值得关注的东西。"

他们如何将公司政治排除在红队之外？

"我们没有试图这样做。最好从一开始就接受它。我们所做的就是确保在结果和报告中发现政治的成分，并把它指出来。"这位团队领导继续说。他也主张在坚持真理时采取谨慎态度。他和他的团队很少告诉高层领导者他们最喜欢的想法是错误的。相反，红队成员承认这些想法的价值，然后指出缺点。"这就像柔道。我们要利用对方的意图，把他们的身体引至正确的方向，之后再依靠腰部发力，掀翻对手就容易多了。"

我自己的大部分经验都涉及作为外部红队推动者与企业合作。典型情况下，企业会请我通过一次红队练习来指导它的高层领导团队，聚焦于总体战略或某个特定计划。我在这些练习中的角色是解释不同的红队工具和技术是如何工作的，选择那些最适合所审查问题的工具和技术，然后带领高管完成这些练习。实际的分析是由高管们自己完成的，正如我前面所说的，这使得他们很难反驳或忽视红队的结论。

2015 年夏天，戴尔·卡耐基联合公司正在制订一项全面计划，旨在重振一度卓越的职业发展项目。CEO 乔·哈特（Joe Hart）让我和他的团队合作，以确保该计划在他提交给董事会之前，充分解决该机构面临的所有挑战和机遇。为此，我们将计划分解出几个主要组成部分，使用我将在第 5 章中讨论的解放结构（Liberating Structures）来找出最有可能导致计划失败的各个方面。然后，我们利用各种红队技术，包括四视角审视法（Four Ways of Seeing）和事前检验分析法（这两种方法都将在第 7 章中介绍），找出可以改进的地方，确保计划成功。

"团队可能会觉得自己制订了一个万无一失的计划，并因此兴奋不已。但通过红队我们可以开始看到计划中隐藏的所有弱点，"哈特说，"如果没有红队，我们很可能会错过一些相当重要的东西，毫无疑问，计划也不会执行得那么有效。结果是我们的计划很成功，如果没有使用红队策略这是不可能达到的。"

我的建议是，在成本和复杂性允许的条件下，尽量让你的组织采用最彻底的红队模式。但老实说，如果你在建立红队方面做得太过了，它也可能成为一个累赘，使这种有价值的投入变成整个组织的掣肘。你可以不急于一时，从小处着手，建立起红队能力。最重要的是开始红队，最好马上开始。

让红队效用最大化

如果问到红队最难的地方在哪里，这个领域的人都会回答：证明红队的价值。

"狗不叫的声音是什么样的？"格雷格·方特诺特上校问我，"当你向别人建议进行红队时，你会不断地被问到这样的问题。"

人们很容易将红队视为昂贵的奢侈品，因为我们实在不情愿花钱去"防患于未然"。你该为避免做出一个糟糕的投资决策支付多少钱？在新的竞争对手尚未冒头来扰乱你的行业之前，你的公司就发现苗头并弄清对方将采取的方式，这又值多少钱？你又该如何计算建立一个团队来防止自寻死路的投资回报率?

每个组织都必须回答这些问题。由于红队对于公司的日常运营来说不是必不可少的,所以很难被立项,在紧缩时期又总是首先被砍掉。然而,红队能为组织带来的价值是巨大的——而没有红队的代价也可能是巨大的。

为了使增加一个常设红队更经济一些,比较容易的方法是使其成为一个更大的功能小组的一部分。这是卡尼曼给的建议。我告诉他,与我合作的那些公司虽然喜欢专用红队,也了解它的价值,却大多不知道怎么来维持这笔巨大的开销。卡尼曼说,红队可以通过同时提供一些数据挖掘这样的服务,来养活自己。

"我倾向于把红队作为一个部门的一部分,这个部门直接向一位位高权重的人汇报。这个人负责决策,负责领导力培训,也负责数据。这是一个非常有价值的部门,而这位负责人要非常强势。这个职位的人选应该同时是CEO 的候选人,"卡尼曼说,"别叫它红队,叫它决策支持小组。"

尽管这种方法对许多企业来说还是过于昂贵,但是经验告诉我,大大小小的企业每年都会在咨询服务上花费大量金钱,成果却往往寥寥无几。与其给一家大咨询公司一大笔现金,让它来告诉你你已经知道的事情,不如把这笔钱用在一个能让你知道你究竟错过了什么的红队身上。

给红队向权力说真话的自由

无论选择哪种模式,你的红队都需要包含在组织结构图中,并尽可能靠近顶部。当红队与决策者尽可能地接近时,红队的影响力才最大,但同时还是要与高层领导保持一定程度的隔离。管理者们靠近红队，可以确保管理者的担忧在红队分析中得到充分解决；管理者们适度隔离红队，可以让红队拥有它所需要的空间和独立性，以采取不同的思考方式。想确保你的红队不受群体思维的影响，或者不过度受到其他组织压力的影响，这种隔离是至关重要的。而适度接近也有助于确保红队的工作不会被遗忘或忽视。

理想情况下，红队应直接向 CEO 报告。至少，红队应该向正在审查战略或计划的部门或小组负责人报告。我在前文提到的那家保险公司，红队向首席财务官（CFO）报告，也包括其他部门的代表。红队领导直接与该公司的整个高管团队分享他们的发现。无论你做什么，都要确保红队的汇报程序排除那些地位、影响力或资源可能受到这些建议影响的个人或群体，否则，利益冲突必然会导致红队的调查结果被曲解甚至被掩埋。

不管红队向谁汇报，那个人都应该是有权按照红队的建议行事的人，或者至少有能力向那些能做到的人提出这些建议。否则，红队将面临沦为"现代卡珊德拉"的风险——能够看到危险所在，但没人相信它的警告。

由于红队在时间和资源方面都需要投入大量成本，因此怎么建立红队才能让它真正在组织中发挥作用，变得非常重要。要做到这一点，你的红队必须有对权力说出真话的自由。

允许红队去自由质疑，自由想象，挑战一切，红队的效能才能发挥到极致。要求红队来审查一项计划时，你必须愿意不带个人立场地去倾听它的发现，哪怕是负面的批评。如果你想利用红队而惩罚某个人，那么红队在你的组织中就彻底没有指望了。为了让红队有效地完成其工作，你需要让红队的成员知道，他们不仅是自由的，而且他们的使命就是挑战既有的假设。你不必同意红队的建议，但你需要让红队提出建议。

你的红队也需要知道它的工作会被认真对待。如果红队经常被忽视，很快，红队成员就会意识到你的组织只是口头上支持红队。在这种情况下，红队将成为另一个官僚机构，你只是在规划流程中多加了一个签字栏而已。相反，如果你利用红队的调查结果来改进计划和战略，这会向整个组织传递一个强有力的信息。你的员工会知道，你不害怕真相，即使这个真相是令人痛苦的。随着时间的推移，这种诚实的态度将改变你公司的文化，使它更具自我批评和创新精神，并能更好地应对当今瞬息万变的全球挑战和机遇。

理智选择与培养红队成员

当你决定建立一个内部红队，选择合适的人为它服务将是其成功的关键。

红队的最佳规模是 5 ～ 11 人。人数过少，视角的多样性会受到限制；人数过多，难以保持专注和执行效率。如果要处理的问题特别复杂，则可能需要更多人参与进来。这时，你可以将红队划分成多个小组，每个小组从不同角度对问题进行分析。不管红队成员有多少，我都建议由红队队长负责选人，这样队长才能将拥有不同天赋、个性和经验的人组合在一起。

不管是建立一个独立常设的红队，还是根据需要来组建一支临时性的红队，成员都必须是具备良好的分析能力和批判性思维能力的男性和女性。他们要有关注细节以及打破常规思维的能力，需要有信心和安全感来挑战现状，需要有能够认识到自身偏见和局限的自我意识；他们也应该机智诚实，能够抵御组织政治的压力。

好的红队成员人选必须：

① 有智慧；　　　　　⑥ 有逻辑；

② 有想象力；　　　　⑦ 有自我意识；

③ 有好奇心；　　　　⑧ 自信；

④ 有分析力；　　　　⑨ 开放。

⑤ 有战略；

《红队杂志》（*Red Team Journal*）的创始人兼编辑马克·马特斯基（Mark Mateski）博士说：

> 优秀的红队成员明白，没有绝对的客观，包括他们自己的观点。优秀的红队成员最重要的一个特征，是更具有感知、理解和同情其他人的观点和看法的能力。他们也要有极强的自我意识。这意味着，他们能够在实践中时时自检，敏感觉察到可能存在的认知偏差和自满情绪。这样的红队成员，他们既能听到被说出来的信息，也能听到那些没有被说出来的信息。

强大的红队成员也需要良好的沟通技巧。"成为一名优秀的红队成员，就是问一些好问题。"苏珊·克雷格（Susan Craig）说。她是 2006 年利文沃斯堡首届红队领导力课程的毕业生。"有效的沟通是至关重要的。它让你了解如何以及何时提出问题，了解听众和与你打交道的人物的个性，了解你正在为谁生成信息，以及知道如何使用严谨精确的语言。"

在组建红队时需要考虑的另一个重要因素是多样性。尽可能地确保男女搭配，资深员工和新雇员一块儿工作，甚至不同年龄段的人共事。这种多样性的目的不是为了满足政策要求，而是为了确保红队能够充分利用各种不同的视角，拥有更广阔的视野。英国人想尽办法，让至少一名年轻的实习生加入他们的红队。当陆军准将汤姆·朗兰使用红队分析英国国防部人力资源政策的全面改革时，他了解到红队成员的多样性是多么有价值。

"我们队里有一个思维像剃刀一样锋利的女孩。我们审查改革提案时，她说：'我担心的是，这项政策完全没提到如何照顾未婚母亲。'当我们在简报会上提出这个问题时，一位高官对另一位说：'我们女王陛下的军队中有未婚妈妈吗？'"朗兰笑着回忆道，"这个女孩对军队一无所知，但她来了，她听了。然后，她用她的大脑说这是问题的一部分。我心里想，干得好！这是任何其他队员都不会想到的事情。"

多样性不应仅指性别、年龄或种族的多样。你还应该努力为自己的红队创造多样化的经验。寻找那些具有不寻常的教育背景、非传统职业生涯或独特个性特征的人；邀请在国外生活和工作过的人；纳入一些与某个关键竞争对手或其他外部利益相关者有过第一手经验的人——那些背景表明他们可能是有不同观点的人；邀请来自不同职能领域、不同部门、不同分支的员工。你的红队越是多元化，就越能从不同的角度看待你的战略、计划或问题，从中发现更多不同的见解，并找到组织中其他人可能漏掉的东西。

一家企业的红队领导表示，把来自不同部门的人安排在同一个特设红队里，甚至可以帮助减轻企业政治的影响。他说，将有红队天赋的成员包括在内，在这方面也会有所帮助："如果你能找到天生就有逆反心理的人，你会发现他们往往会出于本能去自我反省和自我质疑。"

不管怎样，都要确保你的红队里有一些最优秀、最聪明的员工。不要让红队成为你处理组织异类的贫民窟和垃圾场。事实证明，在军队中采用这种做法的红队，很难发挥任何作用，这还是最好的情况。

——◆——

在大多数组织中，顶级人才都处于高位，管理者舍不得让一位潜力大的高管或优秀员工去做红队成员是可以理解的。克服这种阻力的一种方法是，定期轮换人员进出你的红队。我相信你应该这么做。否则，你的红队就会发展出自己的盲点，并随着时间的流逝成为群体思维的牺牲品。

"层级比较多的大型机构可能需要一支独立红队，但成员不应该是终身制的，"方特诺特说，"你应该按不同的任务来组织红队，这样可以引进不同技能的人才。像军队这种，我认为比较适合建立一个由 2 ～ 3 个红队成员组成的核心小组，让他们以具体项目为基础进行轮值，辅以相关主题的专家。"

主题专家的使用也许是全球各种红队组织最大的分歧所在。主题专家是指具有与正在审议的主题相关的第一手经验的人。如果你正在对一个进军印度市场的计划进行红队，可能就会考虑引入一位曾在次大陆工作过的经验丰富的企业高管，或者一位专门从事该地区市场营销的顾问作为主题专家。

美国军方认为，红队中至少有一个人对问题有深入了解的话，是很有价值的，因为这个人的专业知识将使其他成员能够迅速解决许多简单的问题。此外，一个主题专家的知识可以帮助我们避免在处理不熟悉的主题时犯一些"新手错误"。

英国人则认为，专家在红队中可能会使结果偏向保持现状。朗兰描述了他的红队进行潜艇作战早期演习时发生的情景。这支红队中包括一名潜艇水兵，最初他似乎真的是一笔有价值的资产：他能够回答其他红队队员遇到的许多问题——这些问题如果让他们自行研究的话，可能需要花上几天时间。但是随着分析的进行，很明显，潜艇水兵的答案是基于他的主观经验，而不是客观事实。例如，他告诉其他红队队员，潜艇不能在某个深度以下运行。一般情况下确实是这样，但红队后来发现可能存在例外情况。如果他们继续仅仅依靠这名潜艇水兵的经验，这条关键信息就会被错过。

"即使了解到这种情况，由于潜艇水兵的丰富资历，其他队员很难质疑他，"朗兰说，"你可以使用主题专家，可以利用他们的专长，但是由于他们携带的经验包袱，你不能让他们承担分析任务。"

英国国防部现在要求红队队员回避涉及自身专业领域的分析。例如，位于什里弗纳姆的发展、概念和学说中心的常设红队里有一名律师——律师往往是出色的红队队员——但最近对英国军事法修改提案审查时，她被排除在外。

北约采取中间路线，在红队中引入专家，帮助制订需要技术解释的计划，但是也采取措施确保这些专家不会过度影响红队思维。

"如果有一位专家参加你的红队，你需要事先做好准备，这样他就不会在讨论中占主导地位，"德·奈斯提议，"如果你提出的建议完全行不通，专家会警告你，确保建议更完善。"

当实际的红队中没有专家时，北约会确保在将红队的调查结果和建议提交给高层领导之前，请主题专家先进行审查。

美国中央情报局在 2001 年建立"红细胞"团队后，也一直在努力解决这个问题。

"从设计上看，最初的'红细胞'不包括任何恐怖主义问题专家，只有一名中东问题专家。队员是根据他们的分析能力、创造力和独特的思维方式被个别挑选出来的。"迈卡·曾科在报告中提到，并补充说这些特质在今天仍然有用。"主管们寻找的人是大胆无畏、优秀、有分析能力的作家，并且对历史和世界有着深刻的了解。虽然很难找到，但却是必要的，他们的特点是'在沙盒游戏中和别人玩得很好'，对地位和自我有深刻认知，政治觉悟敏锐，善于自嘲。'红细胞'分析师认为，这些特征很重要，因为与其他情报机构相比，红队的创意和产出的结果最终是在不断对话和反馈所构成的合作过程中完成的。"

据曾科说，这样的分析师可以进入美国中央情报局任何一处的"红细胞"，时间从 3 个月到两年不等。但他们不能无限期地留在红队里面。该机构希望不断引入新的想法和血液，让尽可能多的分析师接触到"红细胞"的逆向思考技术和替代视角。

让员工参与红队，也为他们提升领导能力提供了机会。随着时间的推移，这种方法将造就一大批拥有技能和经验的干部成为卓越的规划者和战略思想家。运用红队轮岗的方法，还能保证你的红队持续为组织提供新鲜的视角和创新思维。

万里挑一遴选红队队长

在组建红队时，找到合适的人担任队长至关重要。红队队长将成为红队和组织高层领导之间的沟通通道，因此，这个人必须具备出色的管理和沟通技巧。红队队长需要足够坚强、自信并且地位有保障，这样才能够理直气壮地对权力机构说出真相，索要红队工作所需数据，保证队员按计划、按要求、按时地完成工作。

美国国防部前副部长詹姆斯·米勒曾说："优秀的红队队员会有点挑刺儿。"他表示，管理那些有逆反倾向和持非正统观点的人可能是一种挑战。这需要耐心和开放的心态，并且愿意质疑自己的假设。一个红队队长不仅需要给队员从不同角度探索问题的空间和自由，还不能让他们走得太远；队长也需要知道如何促进发散性思维，以及何时将团队的注意力聚集到一点上。作为队长，需要扎实地掌握红队背后的科学和心理学，这样就可以帮助团队防范我们在第 3 章中讨论过的各种谬误和偏见。

"你还必须对这些方法活学活用，根据需要进行调整和结合。"北约盟军司令部改造指挥部负责解决方案分析的部门主管安迪·威廉斯（Andy Williams）说。

红队队员可以从这本书中学习这些工具和技术，并接受更深入的红队培训，但要真正掌握只有通过实践和积累经验才能实现。因此，我建议红队从较小的问题和计划开始，再慢慢地把目标扩展到更大的商业战略。随着经验和理解的加深，红队队长可以更好地决定使用哪些工具以及何时使用它们。一名红队队长也应该有能力向其他人传授这些技术。

最后，一个有效的红队队长必须能够在恰当的时间，以正确的方式传达红队的调查结果和建议，以帮助组织制订计划并指导决策。要做到这一点，队长需要与红队向高级管理层汇报的对象建立牢固的关系。但是红队队长也必须注意不要让这种关系扭曲分析的结果。

约瑟夫·普利策（Joseph Pulitzer）曾说过一句有名的话：报纸不应该有朋友。红队也是如此，但也不应该树敌。

"你必须善解人意，并且让自己正当地帮助人们解决他们的问题。"北约的德·奈斯说。

要做到这一点，第一步就是直击问题本质。

◎ 红队可以正式或非正式地进行，其唯一的使命就是提供一套新视角来检查组织的战略和计划。

◎ 在成本和复杂性允许的条件下，尽量让你的组织采用最彻底的红队模式。但你也可以从小处着手，建立起红队能力。最重要的是开始红队，最好马上开始。

◎ 优秀的红队成员明白，没有绝对的客观，包括他们自己的观点。优秀的红队成员最重要的一个特征，是更具有感知、理解和同情其他人的观点和看法的能力，同时要有极强的自我意识。这样的红队成员既能听到被说出来的信息，也能听到那些没有被说出来的信息。

◎ 给红队向权力说真话的自由，允许红队去自由质疑，自由想象，挑战一切，红队的效能才能发挥到极致。

RED
TEAMING

第 5 章

灵活运用六大技巧，
让红队卓有成效

测一测你对红队策略了解多少

1. 下列哪一项不是让红队卓有成效的关键技巧？

   A. 以重述问题的方式来加深对问题的理解

   B. 按部就班使用红队工具

   C. 多角度思考，优化决策路径

   D. 使用解放结构，使红队成员表达真实想法

2. 红队的目标是尽可能多地考虑不同的想法，有很多具体方法，但所有方法都从下列哪一项开始？

   A. 1 - 2 - 4 - 全部

   B. 鱼缸法

   C. 想 - 写 - 分享

   D. TRIZ

3. 红队通过使用解放结构，可以让每位成员的想法都得到认真对待，下列哪一种解放结构帮助红队在审视复合计划时将注意力集中于最值得关注的领域？

   A. 点投票

   B. 加权匿名反馈

   C. "是的，而且……"

   D. 循环反应

4. 可口可乐因更换配方而损失数百万美元，其错误在于未能在前期调查中问对问题，哪种方法本可以帮它更好地确定关键问题？

   A. 四视角审视法

   B. Cynefin 框架

   C. 事前检验分析法

   D. 珠链分析法

无论一个人的逻辑多么严谨，想象力多么丰富，有一件事他永远无法做到，那就是列出一张根本不会发生在他身上的事物清单。

——托马斯·谢林（Thomas Schelling）

可口可乐遇到了一个问题。在 20 世纪 70 年代中期，它的对头百事可乐在口味盲测中发现，美国人更喜欢百事可乐口味胜过可口可乐。于是，百事可乐通过一个高调的营销活动向消费者宣传这一事实，邀请人们"参加百事可乐挑战赛"。到了 1977 年，百事可乐在食品店的销售额超过了可口可乐，后者在饮料市场上的百年霸主地位岌岌可危。可口可乐面对百事可乐的挑战似乎已经无能为力；可口可乐自己的调查也显示出消费者对其竞争对手产品同样的偏好。因此，在 20 世纪 80 年代初期，可口可乐的配方师们开始秘密研究一种新配方。

可口可乐于 1984 年开始测试这种新配方，这些测试表明，与之前的百事可乐或可口可乐产品相比，消费者更喜欢这种新配方。尽管如此，可口可乐的高管们知道，改变配方是一场冒险，所以他们决定继续测试。在一次有史以来最大、最昂贵的市场调研中，可口可乐调查了全美近 20 万名消费者。在"新可乐"和"老可乐"之间进行选择时，61% 的受访者表示更喜欢新配方。可口可乐董事长郭思达（Roberto Goizueta，也被译作罗伯特·戈伊苏埃塔）后来称，推出新配方的旗舰饮料，"是有史以来我们做过的最轻松的一个决定"。

一开始，这个决定似乎也是正确的。新的可口可乐在 1985 年 4 月 23 日被大张旗鼓地推出之后，其销量甚至比预期的还要强劲，至少在头几周是如此。紧接着，成千上万的电话和信件纷至沓来。但在那之后，却发生了大量的抗议。可口可乐的忠实拥护者在美国各地举行集会。他们举着的标语写着"我们的孩子再也没有提神饮料了"；他们的 T 恤衫上则印着"只要老版可乐！"；他们打碎成箱的新版可乐，把里面的饮料倒进排水沟。

"可口可乐公司怎么可以这样？"盖伊·马林斯（Gay Mullins）愤怒至极。这位先生创立了"美国老可乐爱好者"组织，想要迫使可口可乐恢复原来的配方。"他们要守护的是一种神圣的职责！可口可乐是美国文化的象征——和苹果派、棒球、自由女神像一样。现在他们换成新配方，让我们去忘记老版可乐。他们剥夺了我们的选择自由。这不是美国！"

7 月 10 日，新版可乐上市仅仅 78 天后，马林斯就实现了他的愿望。新闻主播们闯入了下午的肥皂剧，向美国人民透露可口可乐正在恢复旧的配方。很多人欢欣鼓舞。美国短暂的国家噩梦结束了。

可口可乐熬过了这场尴尬，却为此损失了数百万美元，并成了饮料行业的笑柄。新版可口可乐的失败，成为无数商学院案例研究和营销文章的主题。这件事也向人们充分展示了，当企业不能问对问题时会导致什么样的恶果。接下来的几年里，营销专家严厉批评可口可乐，指责可口可乐只问消费者哪种可乐味道更好，而不是问他们对自己放弃这种美国饮料的计划有何感想。可口可乐对于美国，就像健力士啤酒（Guinness）之于爱尔兰。但事实是可口可乐确实提出了正确的问题，它只是决定忽略答案的另一半。

可口可乐除了问调查参与者哪种可乐味道更好外，还询问如果可口可乐改变了配方，他们是否会不高兴。根据这些采访，可口可乐估计会有10% ～ 12% 的可乐饮用者不高兴，但其中会有一半的人能克服过去并欣然接受。同时，可口可乐围绕着同样的问题进行了一系列的焦点小组讨论。结果呈现出的差异很惊人。一旦消费者之间开始谈论拟议的修改配方，他们中的一些人就开始感到非常不安。这时，其他的焦点小组参与者也开始感到不安。观察这些群体的可口可乐高管们对他们释放出的热情感到震惊，其中有人后来说："这就像是在说你要把国旗弄得漂亮些似的。"

面对如此大的反差，可口可乐决定采用个人调查的结果，因为它们反映了遍布全国各地数十万个样本的个人观点。同时，可口可乐决定忽略焦点小组的结果，毕竟焦点小组只捕捉到了关键地区几百人的感受。

"事后看来，他们的研究错误之处变得非常清晰。面对焦点小组讨论结果与个人调查结果之间的冲突，可口可乐最终选择只信任个人调查。但事实证明，这两种程序都提供了重要的信息，"罗格斯大学（Rutgers University）市场营销学教授罗伯特·M. 辛德勒（Robert M. Schindler）在 1992 年写道，"当新版可口可乐首次被推出时，人们对此做出了个人决定，而且大多数人至少默认了这一改变……（但是）个人无法预测自己的感受在接触到他人的反应后会发生什么变化。"

辛德勒总结：可口可乐的真正错误在于，它未能理解社会动力学对消费者的消费决策可能产生的极其复杂的影响，尤其是在关乎的是一种符号性产品的情况下。这是一个任何公司都无法轻易解决掉的复杂问题。这也正是红队所要解决的那一类问题。

技巧一，使用 Cynefin 框架，锁定问题

所有红队都是从一个问题开始，但并非所有问题都需要红队。

《韦氏词典》将"问题"定义为："提出质疑以供探究、思考或解决。" 有些质疑很容易解决，因为答案是现成的。你的公司想知道如何减少次品？可以去找一位六西格玛专家来问问。你想知道芝加哥市中心商业地产的价格？问问那些房地产经纪人就好。你担心下个季度或全年的业绩目标无法达成？去找你的首席财务官。这些问题你也可以用红队来寻找答案，但就会像杀鸡用牛刀：有用，但它带来的害处可能要多过好处。

然而，其他问题，就像可口可乐换配方那样的问题，回答起来没有那么容易。它们涉及许多不同的变量，这些变量可能以不太明显的方式相互影响着。像这样的问题，使用红队不仅是必要的，而且是必须的。

在你开始用红队解决问题之前，你需要了解它是一个什么样的问题。有时这是显而易见的，但有时，一个看似简单的问题实际上是相当复杂的——而这正是组织可能陷入麻烦的地方。可口可乐就是这样。为了避免犯这类错误，美国军方使用一个名为"Cynefin 框架"（Cynefin Framework）的矩阵对

问题进行分类。这个模型非常强大，可以帮助企业弄清楚红队的对象和方法。

Cynefin[①] 框架是戴维·斯诺登（David Snowden）开发的，这位威尔士学者的研究领域是知识管理和复杂性理论。他将 Cynefin 框架描述为"一种创造意义的框架"，因为它可以帮助决策者理解复杂问题。它将问题从整体上分为无序的和有序的两个领域，并进一步分为 4 个象限——复合的（Complex）、复杂的（Complicated）、混乱的（Chaotic）和简单的（Simple），中间还有一个无序的无定形模糊区域（如图 5-1 所示）。

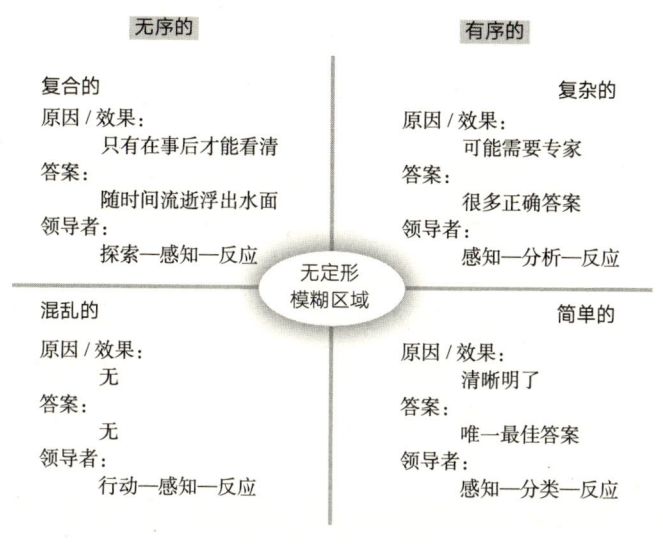

图 5-1　Cynefin 框架

① 正如戴维·斯诺登所解释的那样，Cynefin 是一个威尔士语，字面上可翻译为"栖息地"或"地方"，但想要更恰当地理解这个术语，则应该翻译成我们所有人，无论是个人还是集体，在文化、宗教、地理、部落等各种意义上所隶属的地方。我们永远不会完全意识到这些隶属关系的本质，但它们会深刻地影响我们的本质。这个名词旨在提醒我们，所有人类互动都受到我们这种复杂的体验模式的强烈影响和频繁支配，无论是通过个人经验还是以故事为表现形式的集体体验，我们都在受其直接影响。

乍一看，这可能像一张典型的管理学四象限图，但事实并非如此。商学院课程里的四象限图，往往暗示其中某个象限——通常是右上角——比其他象限更可取，但在 Cynefin 框架中没有这样的价值判断。事情如其所然，矩阵是为了帮助我们以最好的方式处理这 4 个象限中的问题：如果它们在"有序的"领域，我们可以通过简单、简化的方法来解决问题，因为正如斯诺登所说，"整体是各部分的总和，我们通过优化部分来实现系统的优化"；如果它们处于"无序的"领域，"整体绝不再是各部分的总和"，我们的处理方式必须更有创造性。

在"混乱的"象限中，因果是无关的，因为情况不稳定，变化太快，无法用任何有意义的方法来分析。这样的问题一旦出现就需要立即注意。曾有过一架飞机失事的航空公司、核电站发生事故的电力公司，或者面临股市崩盘的投资公司，它们所面对的都是"混乱的"问题。在"混乱的"象限里，没有时间进行红队。记住那条军队的红队规则：大敌压阵，不要红队。①

"简单的"象限中的问题可能实际上并不简单，但它们确实很容易找到解决方案。仅仅是应用这种解决方案就能解决问题。"简单的"象限是与最佳实践、流程设计和标准化操作程序相关的领域。你可能不知道这种问题的答案，但你的组织中肯定有知道的人，或者有可以很快找出答案的人。弄清楚如何降低装配线次品率、如何给一项新服务定价以及如何处理日常经营中各种各样的小问题，这些都属于"简单的"问题。这些问题很明确，受固定规则支配，因此拥有的正确答案数量有限。你可以对这类问题进行红队，但其实没有必要。这不仅浪费时间和资源，"重新再发明轮子"（谚语：意为做无用功），还会制造新的问题。

---

① "混乱的"象限中的问题非常适合由加里·克莱因博士研究的那种自然主义决策理论来解答。

"复杂的"和"复合的"象限才是红队真正的用武之地。它们是传统决策方法开始显示其局限性的领域。知道问题出在这两个象限中的哪一个，将帮助你决定使用哪些红队工具来解决。

就"复杂的"问题而言，答案可知，但不会立即显现出来。要找到解决方案，你可以依靠既有的分析方法。如何利用新技术、什么是提高员工敬业度的最佳方法以及建造新工厂是否有意义，都是复杂问题的例子。虽然你通常会发现用不同的红队工具来解决一个问题也很有价值，但在"复杂的"领域，最好使用第 6 章中描述的分析技术来解决。然而，你必须使用红队所要求的批判性眼光，小心地运用这些工具，因为正如斯诺登警告的那样："在这个领域中，夹带模式是最危险的，假设中的一个简单错误就可能导致一种很难发现甚至无法察觉的错误结论。"

"复合的"问题的结果更加开放，可以有不止一个正确答案，也有很多错误答案。在这个象限中，因果关系并不容易辨别，而且随着时间的推移也不总是一致的。变量很多，而且改变一个变量往往会导致其他几个变量的变化。美国海军陆战队退役中将保罗·范·里佩尔（Paul Van Riper）说，处理这类问题"就像下一盘棋，每一步棋子都环环相扣"。对于可口可乐来说，百事可乐的挑战恰恰是这样的问题。其他复合问题的例子包括：如何在快速变化的行业中保持竞争优势，是否应该拓展新的市场，以及是否应该收购你最大的竞争对手。诸如此类的问题当然可以从分析方法中受益，但第 7 章和第 8 章中描述的想象力和逆向思考的红队技术也非常有用。正如斯诺登所指出的："叙述技术在这个领域尤其强大。"

当然，红队不必局限于特定的问题或计划。虽然红队无法预测未来，但它可以揭示未来世界的可能性。这就是为什么定期使用红队来研究战略，或在开始制定解决方案之前利用红队来探索空白区域是很有用的。然而，虽然红队通常可以提供有价值的见解来帮助你了解规划过程，这却不是其主要目标。正如我之前所说的，绝不能让红队成为规划过程的替代品。红队的工作不是制订计划，而是把计划做得更好。

技巧二，依据问题性质，把握时机

理想的情况是，红队应该在计划产生之后、获得批准之前开始，这时仍有时间进行修改。过早开始红队，会干扰常规的规划过程，并有导致计划胎死腹中的风险。如果在组织高层领导已经签署计划之后开始红队，那么再对它进行分析就会很困难，甚至不可能去修改它。

"我认为，推迟结案非常关键，因为一旦领导者下定决心，下属也了解了事情的发展方向，改变这个方向就会变得非常困难。"丹尼尔·卡尼曼建议。

在某些情况下，像这样改变路线也可能产生破坏性，我的一个客户——圣迭戈的科技创业公司 CoachLogix 在这方面就经历了惨痛的教训。

CoachLogix 的 CEO 亚历克斯·帕斯卡尔（Alex Pascal）从我这里了解到红队后，很兴奋地将其纳入公司的战略规划过程。开始时，我教他如何使用不同的工具，并鼓励他与员工一起尝试。我们从四视角审视法开始，效果很好。帕斯卡尔求知若渴，所以我又教了他 5WHY 分析法（Five Whys，见第 7 章）。他对这种技术很感兴趣，但不知道该尝试用它来解决什么问题。

"你的公司想要回答的基本问题是什么？"我问帕斯卡尔，没有多加思索。他回答了，我建议他试一试。他说一定会的。

下一次我们谈话时，我感觉到帕斯卡尔的热情有些减弱。

"5WHY 分析法进行得怎么样？"我问。

"说实话，我们发现它不是特别有用。"帕斯卡尔承认。

这令我感到吃惊，于是我让帕斯卡尔给我讲讲他是怎么做的。他分享了他和团队使用这种技术开发的图表，问题很快就变得清晰起来：我之前让帕斯卡尔使用红队策略审视他创立的公司要解决的核心问题是什么。他和团队已经回答了这个问题，然后夜以继日地努力开发一款能代表他们的解决方案的产品。

这让我想起了在利文沃斯堡我们上的另外一堂重要的课：在一名飞行员拉动操控杆并高喊"发射导弹！"之后，你就不能再让红队去决定应该干掉哪一个疑似恐怖分子训练营了。要求一家初创公司来红队一个已经在执行的计划就是这样。决定一旦做出，红队就结束了。

但那并不意味着红队在执行阶段没用处。如果你拥有一支内部红队，不管是常设红队还是特设团队，它都可以继续在计划实施的过程中提供有价值的支持，并提供新的见解。这时红队可以审视新出现的威胁和机会，观察可能预示着该计划潜在问题的事态发展，并为你所在商业环境中的各项进展提供替代评估。这是投资开发内部红队能力的好处之一。

你应该留出多长时间给红队？这取决于问题的复杂程度以及可用于检查问题的时间。但红队绝不应该是一个开放式结尾的练习。

如果红队正在分析一项特定的计划或行动方案，那么决策的最后期限必然会限制红队用于演习的时间。如果没有设置决策制定的截止日期，或者红队正在进行的是一项空白分析（White Space Analysis），则应该自行设定红队截止日期。在军队里，红队通常会设定一个"好主意截止时间"（GICOT，Good Idea Cut-off Time）。如果没有这种强制停止动作，分析将会无休止地继续下去。总是还有一个问题需要问，还有另外一个兔子洞可以跳下去。但是，无终点的红队会阻碍决策的进行，妨碍行动，并使自己沦为一群自我中心者。这对于具有分析意识的员工来说，可能是一种娱乐性的消遣，但对你的组织不会产生任何有意义的影响。请记住，当需要采取行动时，就不要让红队妨碍行动。

你的红队需要产生成果。什么样的成果取决于问题本身的性质，没有标准模板。成果需要及时交付，使之能够付诸实施。如果已经没有时间来修改计划，那么就没有必要再去多想一遍了。

技巧三，从准确重述问题开始，理解问题

理解你所面对的问题，这一点非常重要，所以每一次红队练习都应该从一种所谓"问题重述"（Problem Restatement）的技术开始。

人类是天生的问题解决者。虽然这暗示了我们使用红队的能力，但其实这也是一种负担。遇到问题时，我们通常会着急解决掉它，而不愿意花时间去研究它，确认它是否真的构成问题。找错了问题，或是没有彻底弄清楚问题的内容，不仅会浪费时间和资源，还会导致真正的问题得不到解决。

"你做的决定可能是经过深思熟虑的，但如果你的起点就是错的，针对错误的问题，你的选择就不可能是明智的，"约翰·S. 哈蒙德（John S.

Hammond）、拉尔夫·L. 基尼（Ralph L. Keeney）和霍华德·雷法（Howard Raiffa）在他们合著的书《决策的艺术》（*Smart Choices*）中写道，"你陈述问题的方式决定了你的决策，它决定了你所考虑的替代方案以及你评估这些方案的方式。提出正确的问题将推动其他一切方面。"

陈述不当的问题包括：

◎ 表述过于宽泛。

　　例如，我们如何增长业务？

◎ 表述过于狭窄。

　　例如，明年我们如何在不增加产品线、不招聘新员工或不进入新领域的情况下，将收入提升 12%？

◎ 包含内定假设。

　　例如，如何确保我们的专利流程仍然是业界首选？

◎ 包含一个假定的解决方案。

　　例如，我们如何使用六西格玛来提高效率和质量？

为了确保问题被准确表述，美国陆军教导红队从各种不同的角度审视问题。这可以像解释问题一样简单，因为用不同的词来描述问题通常会产生有价值的新观点。例如，如果你被问道："我们如何才能确保我们的专利流程仍然是业界首选？"你可能会更直截了当地重述这个问题："我们相信没有比我们更好的流程，但我们担心有人会发明一个。"这样表述，就揭示了最初问题中固有的假设——公司无法改进其流程。希望这也会让你的红队回答更重要的问题："有什么办法可以让我们做得效果更好、速度更快、成本更低？"因为如果你先解决好这个问题，你不仅不必担心竞争对手，而且能加强基础业务。

重述问题的其他方法包括扩大焦点，将其置于更大的背景下，例如，不是问"我们如何通过在中国扩张市场来增长业务？"而是问"我们如何在亚洲拓展业务？"；或者完全转移焦点，例如，不是问"我们如何才能增加销售？"而是问"我们如何降低成本，从而增加利润？"。完全颠倒问题也可以产生有价值的见解和新的观点。例如，"我们如何使用六西格玛来提高效率和质量？"你可以问成"我们如何使用六西格玛来降低质量和效率？"，这样你可能就会发现最初的问题其实并不是关于提高质量和效率，而是关于如何使用六西格玛。

以这种方式审视问题需要健康的讨论和自由的想法。鼓励人们这样做，最好的方式是从发散思维开始，以求同思维结束。

技巧四，多角度思考，优化决策路径

成功的红队依赖于团队从尽可能多元化的角度看待问题的能力。但这并不是大多数组织通常用来解决问题的方法。

"在军队里，人们常常尽快地就一个解决方案达成共识，再设法将它付诸实施。理论要求我们考虑 3 种不同选择，但事实是，我们很快就会趋同于一种行动方针，对其他两种一笔带过。"史蒂夫·罗特科夫上校说。他举了一个教科书式的案例，印证了我在第 3 章中讨论过的"满意即可"这种方法。"如果你是在处理简单的问题，那么'满意即可'是一个很好的策略。但我们在军队中遇到的问题很少是简单型的。"

根据我的经验，许多公司进行决策的方式大多是类似的。红队需要一种不同的方法。在时间允许的情况下，红队的目标应该是尽可能多地考虑不同的想法、解释和选择，再从中选出最理想或最正确的。美国陆军为此想了不少办法，但都是从一个简单的概念开始的：想－写－分享（Think-Write-Share）。

想－写－分享

"想－写－分享"是确保红队从发散思维开始、向求同思维转变的一种方法。该方法的使用原理是这样的：首先让成员思考一个问题，然后让他们写下自己的想法并与团队分享（在使用这种技术和我将在后面章节中介绍的许多其他工具和技术时，五乘八排列索引卡会很有效）。这个顺序很重要，因为很多时候，团队中的人都急于分享自己的想法。他们渴望证明自己很聪明，或在审核的问题上自己很专业。红队不应是一场智识盛宴，而是要花时间来充分考虑各种想法。通过在开始时要求短时间安静反思，团队成员有机会在与团队分享之前思考自己的回答。写下这些回答也很重要，因为它会迫使人们真正想清楚这些答案。一想到什么就模棱两可地脱口而出其实更容易。"想－写－分享"的方法还迫使人们坚持对自己的想法负责，而不会在听到别人的想法之后随意进行修改。

这种方法是美国海军陆战队的威廉·拉斯戈尔谢克（William Rasgorshek）中校教我的。他当时是美国陆军外国军事和文化研究大学的客座讲师。他也是一位前"鱼鹰"（Osprey）飞行员，代号"七张梭哈"（Razz）。"'想－写－分享'是一种关于团队合作的科学，"威廉在课堂上说，"是让团队有效合作的最好方式。"

威廉也是"积极倾听"（Active Listening）这个概念的忠实信徒。"听别人说话时，"他解释说，"我们总是迫不及待地下结论。这些结论可能是正确的，也可能是错误的。'积极倾听'要求每个不说话的人在发言的人结束发言之前把自己的结论保留下来，对发言者的内容不做反应——无论是口头还是非口头的。这意味着没有皱眉、怒容或嘲笑，也没有点头、微笑或竖起大拇指。"

"尽量避免这些情况，并保持头脑清醒，"威廉建议道，"你会发现，你对事物的定义和理解开始与以前不同了。"

"想－写－分享"的最后一条规则是：在每个人都说一次之前，没有人会说第二次。这一点很重要，因为它阻止了那些性格强势或自负的人主导对话，并确保红队仍然是一项集体活动。

这种集体方式至关重要。

"世界正在从复杂变得复合，你可以用数学方程解决复杂问题，但对于复合问题，你必须与别人一起相互合作配合来解决，"在我接受培训期间，利文沃斯堡联合兵种中心负责人罗伯特·布朗（Robert Brown）将军[1] 曾说，"你们不仅要适应充满不确定性和混乱的环境，而且要在其中活得更好。要做到这一点，就必须像一个团队一样工作。"

虽然个人可以使用红队工具包中的技术来更好地规划和制定策略，但红队过程是基于对个人分析能力限制的认识，并希望尽可能多元化地审视问题。正如谚语所说："三个臭皮匠，赛过诸葛亮。"

---

① 布朗将军现在是美国陆军太平洋地区的指挥官。

技巧五，表达真实想法，促进协作沟通

要让红队有效运作，必须以一种有意义的方式听取每位成员的声音。这可能是具有挑战性的，尤其是在军队这样等级森严的组织里，也包括大多数大公司。所以，美国陆军的训练计划会教导红队队长使用一系列被称为"解放结构"的协作沟通工具，来确保每个队员的想法和洞察都得到认真对待。

虽然"解放结构"一词看上去似乎更适合大学校园而不是军队，但军方发现，这些技术是让人们坦率地谈论问题、挑战或有争议事物的极其有效的方法。其中许多方法是由普列克斯研究所（Plexus Institute）的基思·麦坎德利斯（Keith McCandless）和亨利·李普马诺维茨（Henri Lipmanowicz）开发的，他们首先在医疗保健领域使用了这些方法。罗特科夫则是通过他与奥里·布拉夫曼的合作而认识到解放结构的，布拉夫曼分别是《海星式组织》《打胜仗的思想》的著者之一。2009 年，军队聘请布拉夫曼来教领导者减少组织层级意识，对下属提供的信息和见解更开放。罗特科夫从红队的训练计划中抽出时间来领导这项工作，他对布拉夫曼教给他的许多非传统方法印象深刻。

"在军队里，如果你是一名高级军官去拜访下属机构，人们会做两件事：他们想给你留下深刻印象，以及他们想让你在没有发现任何问题的情况下离开——因为如果你发现了什么，就会为他们生出更多的工作。所以，当我还是一名高级军官的时候，我一直在努力让人们给我诚实的反馈，但没什么用。他们知道你在这个组织里是谁，他们一定会自我审查，"罗特科夫告诉我，"解放结构可以让人们敞开心扉，把他们带出舒适区，不再考虑军衔，以此来了解真相，并鼓励不同观点的人们说出意见。这些都是让人开口说话的好方法。"

我发现解放结构在我与企业客户的合作中也非常有效，不仅仅体现在红队上。从我这里学过这些技术的一些公司发现，它们在激发讨论和征求组织各级员工意见方面非常有效。这些解放结构的许多设计都是为了创造匿名性，不仅是为了保护人们免受分享想法和洞察的负面后果影响，也为了防止群体中其他成员受分享者的看法影响，进而影响他们坦诚表达出自己的看法。

"这种方式让我能够表达一些我通常不会与团队分享的东西，"一位日本企业高管告诉我，"我们的商业文化是高度层级化的，所以很难坦诚地谈论一些棘手的问题。这些技术使我更容易表达对我们正在分析的事项的担忧。它们非常有用——不仅是对红队，对整个组织来说也是如此。"

麦坎德利斯和李普马诺维茨开发了 33 种不同的解放结构，军队从中选择了一些在红队中特别有用的进行修改，以满足替代分析的需要。这些措施如下。

1-2-4- 全部

首先，给红队的每一位成员一支铅笔、一张纸和一个相同的简单问题来回答，例如：

◎ 这个计划怎么会失败？

◎ 为什么我们没能实现这个目标？

◎ 我们的供应链中最薄弱的环节在哪里？

◎ 谁有既得利益来扼杀这一倡议？

◎ 对我们战略成功的最大威胁是什么？

让每个人安静思考这个问题，然后用尽可能少的词语写下答案。接下来，将人们两两结对彼此分享答案并讨论。他们可以根据对方的反馈来改进自己的答案，或者一起提出全新的东西。接下来，将每两个两人小组合并成一个四人小组。按照原先一对一的次序，分享他们到目前为止的成果。然后，让这些四人小组讨论这些回答，并给出最有力的观点。最后重新召集整个团队，让每个四人小组向整个团队给出他们得到的最优答案。在时间允许的情况下重复最后一步，直到团队集体讨论了所有的想法。

我在利文沃斯堡的教练凯文·本森上校说这种方法在红队练习开始时特别有用。

"你抑制了立即深潜的冲动，你创造了一个充满潜在答案或解决方案的宇宙，"本森上校说，"这个方法也可以让你在一开始就得到每个人的意见输入。你会听到每个人的声音。我保证你会得到更好的结果，这只会花费你一点点时间。"

这个练习可以在 15 分钟内完成，但是如果情况允许，可以投入更多的时间。如果你正在与一个更大的团队一起工作，你可以把一个复合的问题拆解开，让不同的小组查看问题的不同方面。例如，如果你是红队一桩潜在收购案，可以让一个小组关注交易的财务方面，而其他小组则负责整合收购以及收购案对客户和其他利益相关者的影响。

加权匿名反馈

加权匿名反馈（Weighted Anonymous Feedback）[1]是一种利用团队集体智慧的伟大技术。它让人们分享自己对一个问题的真正担忧而不用担心说出真

---

[1] 这是我对解放结构创造的变体，称为"用 5 得到 25"（5 Will Get You 25）。

话的后果。它鼓励大多数领导者做到彻底地坦率，帮助他们避免犯下灾难性的错误。由于这种技术鼓励发散思维而不是求同思维，所以我不建议将其用于实际决策。

首先，将索引卡和相同的笔分发给小组的每个成员，并提出一个问题，诸如：

◎ 我们的战略面临的最大威胁是什么？

◎ 我们最有可能错过哪个目标？

◎ 你最担心的是我们的哪个业务板块？

让每个参与者尽可能简洁地用大写字母在卡片上写下他们的答案。这很重要，因为人们无法凭笔迹猜出是谁的答案。如果你的小组人数不多，想要听到尽可能多的想法，可以让每个人写下脑海中最重要的 3 个答案——每个答案都写在一张单独的卡片上。

当每个人都完成后，收集卡片，打乱次序，交还给小组，再每人分发一张。有人拿到自己的卡片也没关系，因为所有人都有机会阅读和评价每个答案。

所有人都拿到卡片之后，让每个人安静地读卡片上面的答案，并进行思考。然后，让他们在卡片背面写上自己给答案打的分数，从 1 到 5；5 分意味着这是他们完全同意的优秀答案，1 分的是他们绝对不能接受的答案。重要的是要求人们在查看背面的数字之前对卡片进行打分，这样他们就不会受到别人评分的影响。重复这个过程，直到每个人都有机会阅读每一张卡片，并给每一张卡片打分一次（当某人得到一张其他所有人已经评过分的卡片时，给其换一张新卡）。[①] 当小组完成后，记录每张卡片背面的数字，并在黑板上写下得分最高的回答——通常是前三到五名。你可以进一步讨论这些问题，也可以把它们作为接下来红队练习的重点。

加权匿名反馈是确保每个人的意见输入都得到认真对待的好方法。例如，在 2012 年，美国军队的红队协调员被任命去领导对美国国防部新的联合作战顶层概念的审查，这是美国军队关于应对未来战争和威胁的高阶构想。他们召集了一个特设红队小组，其中包括 4 个军事部门的代表、一名退役将军、一名麻省理工学院的国家安全专家以及人类学和网络战的专家。这个小组一起审查了方案的草稿。协调员要求红队成员写下该计划最需要重新考虑的 3 个方面。

"小组中级别最低的成员，一名少校，其提出的 3 个想法都被接受了，而一位将军的想法没一个被通过，"罗特科夫说，他也是协调员之一，"在正常的运作小组规划过程中，这种情况可能不会发生。退役将军或博士的想法会立刻被认可，而低阶成员的想法则会被湮没，最多也只是得到少许关注。"

加权匿名反馈有助于在红队复合的战略或计划时，将注意力集中在最值得关注的领域。如果你的时间有限，这个方法可以快速地揭示出你在红队分析中应该关注的领域。

点投票

点投票（Dot Voting）是匿名确定团队优先级的另一种有效方法。使用

---

① 如果你的团队规模较大或时间有限，可以将交换过程限制为 5 轮。

上面讨论过的方法来制定一份需要考虑的问题或关注事项清单，或者简单地将战略或计划分解成相互独立的元素。然后，确保清单中的项目之间没有重叠。如果有重叠，想办法把它们合并成一项。

首先，让每个人将清单复制到记事卡上，每个项目单独列一行。你也可以让人在计算机上将清单输入表格，并为每个团队成员打印一份。其次，将清单中的项目数加起来，将该数字除以 2 再加 1。这是每个团队成员拥有的投票总数（例如，如果清单中有 12 个问题，每个人将投 7 票；如果有 5 个问题，每个人将投 3 票）。然后，给每个团队成员发放圆形贴纸，数量就是他们拥有的投票数。

最后，让团队成员根据他们所认为的问题重要程度分配投票贴纸。大家在清单的一个或多个项目旁边贴上一个或多个贴纸，直到用完所有贴纸。那些对某一特定问题有强烈看法的人可以多投甚至投上全部的票。他们也可以把票分散在认为值得进一步考虑的几个不同问题上。[1]一旦每个人把所有的贴纸都贴完了，收回所有卡片，统计投票，找出人们认为最重要的问题，用这个结果来引导你的红队继续往下进行。

点投票是有效的，因为它会强制人们排列优先次序，在时间有限的情况下，这可能非常关键。它还对结果加权，你可以看到人们对一个问题相对于另一个问题的关注程度。最后，它让人们标出他们觉得需要解决的多个问题。正因为如此，点投票也可以用作组织常规规划过程的一部分，帮助确定优先事项。

---

[1] 如果没有贴纸，可以简单地要求人们用笔画出圆点——只要确保他们的投票不会超过限定票数。

鱼缸法

鱼缸法（Fishbowl）是一种强大的技术，红队可以用它从对正在分析的战略或问题有第一手经验的人那里获得洞察和理解。利用这种手段，可以获取常规规划过程中经常被忽略的知识和观点。

邀请 3～7 名所研究问题的内行人士。提前准备好房间，在里面放一圈面对面坐的椅子，每张椅子上坐一位邀请对象。如果可能，请他们坐在一张小圆桌旁边，给他们一杯饮料和一些零食，让他们感到舒适；如果没有这些条件，可以让他们坐在高脚凳上；如果观察者众多，你甚至可以让这些专家坐在一个类似于中心舞台的地方。

无论选择何种布局，让红队成员都围绕着这个想象中的鱼缸坐成一个更大的圆。当全体坐定，请这些坐在中心的人忽略房间里的其他人，并想象自己是和一群朋友或同事在咖啡厅或酒吧里。然后，请坐在中心的人谈论红队正在分析的问题，分享彼此的个人故事和见解。红队成员的任务就是坐下来，倾听，记笔记。让讨论持续进行，不要打断。中间的人应该彼此交谈，而不是对外圈的听众说。一旦谈话中断，或者达到预定的时间限制（例如 30 分钟），让中间的人转过椅子，面向外圈，邀请红队成员就自己刚才听到或者没有听到的内容提问。

军队曾采用鱼缸法听取从阿富汗返回的军官的汇报，以确保他们在那里获得的知识和经验传授给他们的接替者。所提出的问题包括这些军官是如何在他们巡逻的社区与阿富汗村庄的长者和妇女建立信任和发展关系的。那些坐在外围的人不是红队成员，而是即将被部署到同一地区的军官。

"（军官们）笔直坐在椅子边上，因为他们觉得自己得到了重要的第一手信息，没有经过过滤的信息，"向军队教授鱼缸法的莉萨·金博尔（Lisa Kimball）说，"在短短几个小时里，我们得到了理解并取得了巨大进展。"

如果你的红队正在分析一项改善客户服务的计划，你可以邀请几位前线销售员、几位呼叫中心员工、一位零售经理和一位呼叫中心经理进行鱼缸法练习。如果你正在研究提高工厂产量的计划，则可以从装配线上请一些不同工种的工人、一名质量检查员和一名车间主管。如果你是红队一个向拉丁美洲拓展的商业计划，你可以邀请来自该地区的目标消费者。但不管你做什么，重要的是在提问之前花时间倾听。

TRIZ

TRIZ 是俄语短语 "Teoriya Resheniya Izobretatelskikh Zadach" 的缩写，意思是 "创造性解决问题的理论"。它由苏联发明家和科幻作家根里奇·斯拉维奇·阿奇舒勒（Genrikh Saulovich Altshuller）开发，这是 "一套从对全球专利文献中发明模式的研究中衍生出来的，用来解决问题、分析和预测的工具"。有些人已将 TRIZ 作为六西格玛过程的一部分，用来在不制造新麻烦的前提下解决问题。然而，它在红队中的使用略有不同。在红队中，我们只对 TRIZ 方法论的一个部分感兴趣，那就是找出究竟是组织目前正在从事的哪些事情阻碍了正在红队的目标计划的成功执行。

要做到这一点，大家要合作找出组织所做的可能导致计划失败的每一件事。尽情发挥吧。假装你的团队被派去破坏竞争对手的行动，已经成功地渗透进该组织，现在要努力想出所有可能的方法来确保对手的计划以失败告终。你可以使用另一种解放结构来演练一份清单，或者只是非正式地合作。只要时间允许，就要做到尽可能详尽、彻底。

完成后，逐项检查你的清单，问自己这个问题：组织目前正在做的或考虑做的事情，在某个方面、形式或方式上与此类似吗？结果可能出乎你的意料。

TRIZ 是挑战企业惯例的绝佳方式，鼓励对"我们这里的做事方式"进行批判性讨论，而这往往是问题的根源。阿奇舒勒的方法实在太有效，导致他自己最后被关进了监狱。但作为红队过程的一部分，建设性地使用 TRIZ，可以使其成为识别组织内部获得成功路上的真正障碍的强大工具。

"是的，而且……"及循环反应

"是的，而且……"这一方法并不是解放结构工具包中的正式构成，但军队发现它是对那些演习的有效补充。它是由加州大学伯克利分校哈斯商学院讲师科特·沃辛顿（Cort Worthington）开发的，他被军队邀请作为"海星计划"的成员，向军官们传授这套他基于即兴喜剧技巧开发的领导工具。

"这些工具中的大多数对于军队来说有点过于文艺腔了，"罗特科夫说，"但'是的，而且……'很容易教，而且太有用了。"

有用到罗特科夫把它变成了红队课程的一部分。

这个概念很简单。有人先对所分析的问题发表意见，其右边的人接着说："是的，而且……"再说出另一句话，这句话是建立在第一个人陈述的基础上的。然后，刚刚说"是的，而且……"的那个人右边的人再说："是的，而且……"后面又说出另一句话，这句话是在前面第二句"是的，而且……"的基础上说的，依此类推，直到团队中的每个人都参与了对话。关键是每个人都要说一些话来扩展或补充前一位发言者的发言；他们不能反驳前面的人，至少不能直接反驳。

循环反应（Circular Response）类似，但不要求随后的发言者同意原来的发言。第一个发言的人有一分钟的时间来分享自己的想法。当发言结束后，下一个人必须用第一位发言者说的话中的一部分或全部内容作为基础来表达自己的意见，但他们可以自由地反驳前一位发言者或对其所说的话提出异议。这一过程一直持续到小组中的每个人都有机会发言为止。

这两种方法的价值在于确保每个人的声音都能被听到。而且，最后一个说话的人比起第二个说话的人没有任何优势，因为谁也无法预知在他前面发言的人会说什么。

技巧六，因地制宜，组合使用红队工具

你可以单独使用这些解放结构，也可以根据具体情况的不同将两种或多种技术结合使用。我鼓励你尝试不同的组合，看看哪些对你和你的红队最有效。

这些方法，结合了基本的批判性思维技能以及对我们的认知偏见、启发式和逻辑谬误的认识，将有助于领导者和管理者更好地规划和更有效地思考。它们将为一个组织提供成功红队所必需的基础。

在下面的章节中，我将向你展示如何使用这些工具，即使是最僵化的公司，也可以通过使用这些工具转变为一个更有效、更具创新性并且能够更好地应对新威胁和新机遇的学习型组织。正如我之前说过的，一个完整的红队

分析通常分为 3 个阶段：分析你的战略或计划，想象它会如何失败和如何成功，以及使用逆向思考来找出替代方案并确保你的计划或战略是真正最优的。

这一切都始于检查你的假设。

◎ 你做的决定可能是经过深思熟虑的，但如果你的起点就是错的，那么针对错误的问题，你的选择就不可能是明智的，陈述问题的方式决定了你的决策。

◎ 红队不必局限于特定的问题或计划。虽然红队无法预测未来，但它可以揭示未来世界的可能性。

◎ 要让红队有效运作，必须以一种有意义的方式听取每位成员的声音，从多个角度看待问题。

◎ 在军队里，红队通常会设定一个"好主意截止时间"。如果没有这种强制停止动作，分析将会无休止地继续下去，总是还有一个问题需要问，还有另外一个兔子洞可以跳下去。请记住，当需要采取行动时，不要让红队妨碍行动。

RED
TEAMING

第 6 章

质疑毋庸置疑，
七大批判分析法

测一测你对红队策略了解多少

1. 在使用批判性思考法进行红队时，有一些草率的逻辑谬误不易发现，却常常导致整体失败，下面哪一项不在其中？

   A. 批评提出论点的人，而不批评论点本身

   B. 利用人们的焦虑感而非实际论点来说服别人

   C. 问出正确的问题并认真研究答案

   D. 依据年龄或传统做出判断

2. 每一项战略和计划都是建立在假设之上的，当使用关键假设检查法检验新跑鞋系列计划时，下列哪一项不是关键假设？

   A. 消费者欢迎新产品

   B. 公司过往的销量逐年上升

   C. 公司为新产品线制订了恰当的营销计划

   D. 公司具备新鞋系列需要的生产能力

3. 在所有假设之中，有的假设出错概率很小，而有的假设出错概率很高，下列哪种方法可以帮你测算出出错概率较高且影响较大的假设？

   A. 珠链分析法   B. 概率分析法

   C. 利益相关者分析法   D. 关键假设检查法

4. 意外是规划不足的后果。红队时要充分使用珠链分析法来找出会触发级联效应的错误假设，下列哪一项不是珠链分析法的特征？

   A. 它所审视的不同因素间是相互加权的

   B. 它有时需要几周才能完成

   C. 没有任何其他方法能如此有效地检验相互关联的战略要素

   D. 适用于对公司有深远影响的计划

剖析每一件事深至最基本的元素和无可辩驳的真理，至关重要。

人们常常止步于武断的假设或猜测，万万不该。

——卡尔·冯·克劳塞维茨

1863 年 7 月 2 日，34 岁的上校约书亚·张伯伦（Joshua Chamberlain）和他的缅因州第二十志愿步兵团余下的兵力，站在一座小山顶上，俯瞰着宾夕法尼亚州葛底斯堡血淋淋的战场。山脚下重新集结起来的南方军队，正准备发动第三次进攻。张伯伦受了伤，兵力也寡不敌众，他却毫不在意。他最担心的是弹药用尽了。缅因州第二十志愿步兵团是北方联邦军防线的左翼，南方军队知道这一点。张伯伦接到命令，要不惜一切代价保住阵地。如果缅因州第二十志愿步兵团撤退，北方联邦军防线就会崩溃。当时葛底斯堡和华盛顿特区内联邦军队的兵力所剩无几，而张伯伦也已经弹尽粮绝。

和他的士兵们一样，张伯伦不是职业军人。一年之前，他还是一所小型文理学院的现代语言和修辞学教授。与当天战场上两军阵营的许多将军们不同，他没有在西点军校或要塞军事学院（The Citadel）接受过训练。当这些将军在墨西哥或大平原的战场上流血时，张伯伦正在阅读经典和学习逻辑。所以，虽然他对战争艺术了解不多，但他知道如何思考。而看着叛军部队第三次向山上推进时，张伯伦在想的是，至少还有一件事是对他和他的士兵们有利的，那就是地心引力。

"上刺刀！"张伯伦大喊，无视守住山顶的上方指示。相反，他命令部下在南方军队开始进攻时冲下山去，同时，他命令一部分部队向右绕道，就像一扇门砰地关上，包抄前进的叛军，碾压他们的身躯。南方军队的进攻努力甚至在实施之前就被粉碎了。许多叛军投降了，一些人死在了缅因州第二十志愿步兵团的刺刀下，其他人在混乱中仓皇逃窜。

许多历史学家后来把战局的扭转归功于张伯伦的出其不意。有些人甚至认为他拯救了北方联邦军。罗伯特·布朗将军盛赞张伯伦是使用批判性思维的典范，而这种思维正是未来将领带领士兵在一个日益复杂的世界里取得胜利所需要的。

"我们需要红队，但也需要所有人能够批判性和创造性地思考，不论身份等级，不论是专家布朗还是将军布朗，"布朗将军告诉我，"我们总是在寻找创新技术。但在今天，复制技术很容易。一个新的武器系统发明出来，我们的对手很快就能生产出同样的东西。在第二次世界大战中，我们战胜了敌人，赢得了胜利。那些曾经有效的方式面对今天的敌人已经不顶用了。但是，如果我们能够始终比敌人进行更好的思考，占据认知优势，那将是一种很难战胜的战略武器。"

今天，企业面临着类似的挑战，也有同样的机会。正如吉姆·柯林斯在《从优秀到卓越》中所展示的，一种新的产品或服务带给你的优势是有限的。在行业内，你的竞争对手或一位后来者迟早能制造出更好的东西来。捷威（Gateway）和雅虎等公司未能看到这一点，因此付出了代价。而苹果和谷歌则聪明地利用这一点超越对手，取得成功。正因如此，所有红队都是从批判性地思考问题开始的。

方法一，批判性思考法

知道如何批判性地思考是成功红队的先决条件，看上去毋庸置疑，但做到这一点却不容易。根据美国教育援助委员会 2015 年公布的一项全国性调查显示，近 40% 的美国大四学生"不能在论证中区分证据的质量，或提供有足够说服力的结论"。企业对此已经有所了解。就在同一年，美国学院与大学协会公布的另一项调查结果显示，90% 的雇主"认为最近的大学毕业生在进入职场前，在批判性思维、沟通和解决问题等方面准备不足"。换句话说，他们缺乏红队分析所依赖的那些技能。

如果你认为批判性思考法（Thinking Critically）仅是哲学专业要考虑的事情，可以想想比利·比恩（Billy Beane）的例子。他在 20 世纪 90 年代末成为奥克兰运动家棒球队总经理后，通过批判性地思考这项运动，彻底改变了美国职业棒球大联盟的游戏规则。迈克尔·刘易斯（Michael Lewis）在其著名的《魔球》（*Moneyball*）一书中写道：比恩忽略了过去近 100 年指导了棒球球探的那些毫无意义的统计数据和老旧观念。为了分析和选择球员，比恩使用了一套新的指标；经验证明，这些指标可以直接转化为球员场上表现的依据。有了这些数据，他建立了棒球界最成功的球队，并且预算仅仅是其他顶级球队的一小部分。从 2000 年到 2004 年，奥克兰运动家棒球队连续 4 年进入季后赛，并在 2002 年成为 100 年间第一支创下二十连胜的球队。

"理性，甚至是科学，正是比利·比恩一心想带给棒球的，"刘易斯写道，"奥克兰试验的背后，是对棒球的一系列反思：如何管理，如何打比赛，谁最适合玩棒球，以及为什么。"

比恩告诉刘易斯：

> 我从比赛本身开始，就我所看到和听到的开始发问：真的是这样吗？可以被验证吗？可以被测量吗？它如何与机制的其他部分相适应？

这是批判性思考法在实践中的一个典型例子——它可以让企业在竞争对手面前占据优势。正如你所看到的，它从问出正确的问题开始。以下是一些红队在分析时应该经常问的问题[1]：

◎ 问题本身和结论是什么？

◎ 原因是什么？

◎ 哪些词或短语含糊不清？

◎ 其中的价值冲突和假设是什么？

◎ 什么是描述性假设？

◎ 推理中有什么谬误吗？

---

[1] 引自《学会提问》(*Asking the Right Questions*)，作者是尼尔·布朗（Neil Browne）和斯图尔特·基利（Stuart Keeley）。

◎ 证据有多强？

◎ 有相互对立的原因吗？

◎ 这些统计数据是否具有欺骗性？

◎ 哪些重要信息被忽略了？

◎ 除此之外，还可以得出什么合理的结论？

但是，批判性思考法不仅仅是问出正确的问题，它还需要认真研究答案。批判性思考法不仅意味着防范我在第 3 章中讨论过的偏见，还能防止我们的对话、争论和计划被逻辑谬误潜入。不像人脑中固有的那些思维捷径，这种错误逻辑是草率思考的产物，或者在某些情况下，是故意让弱论证显得更有力的智力欺诈。这些逻辑上的谬误就像战略或计划结构中的细小裂缝：一开始很难被发现，但最终可能导致整体的失败。你可能对一些谬误有所了解，但是进行红队时，有一些更常见的问题你需要牢记。

✖ 常见的逻辑谬误 ✖

谬误 1，人身攻击

批评提出论点的人，而不批评论点本身。（例如，"这太荒谬了，工厂的人对工程了解多少？"）①

谬误 2，诉诸年龄或传统

将论证基于这样一种假设，即上一代人比这一代人更聪明或更了解情况。（例如，"詹姆斯自从《老伙计》(*The Old Man*)节目开播就在了，所以我认为我们应该照他的建议去做。"）

---

① 这仅适用于论证，不适用于信息。了解信息来源对评估信息价值和准确性至关重要。请参阅"诉诸可疑权威"。

谬误 3，诉诸感情或恐惧

利用人们挂心之事或焦虑感，而不去辩论立场上的优点。（例如，"如果不批准这个计划，我们下个月都要重新找工作了。"）

谬误 4，诉诸受欢迎程度

因为其他人都认为好或者正确，就断言某件事本身是好的或正确的。（例如，"我们所有的竞争对手都这么做了。"）

谬误 5，诉诸新奇性

因为是新生事物，就断言其是好的或可取的。（例如，"那个软件出了新版本，所以我们要立即升级。"）

谬误 6，诉诸可疑权威

支持来源弱的或有虚假信息的论点。（例如，"我是在互联网上读到的。"）

谬误 7，诉诸嘲笑

拒绝一个想法，理由是它将使组织受到嘲笑。（例如，"如果我们推出小型皮卡车，我们将成为汽车行业的笑柄！"）

谬误 8，窃取论点

一种循环推理，以假定正确的论点得出结论。（例如，"在西班牙开设分支机构会更好，因为西班牙是一个非常重要的市场。"）

谬误 9，有偏样本

使用较弱的统计证据来支持论点。（例如，"根据对我们客户的调查，人们非常喜欢目前的设计。")

谬误 10，因果混淆

误将相关关系当作因果关系。(例如，"我们的营销部门很薄弱；这就是我们的产品之所以卖不出去的原因。")

谬误 11，通过命名来解释

以给问题下个定义的方式来解决它。(例如，"我们找出了导致生产放缓的原因：缺勤。")

谬误 12，错误二分法

将论点简化为非黑即白两种选择，但实际上我们总是能够找到其他选择。(例如，"这取决于你：要么批准这个计划，要么停业。")

谬误 13，错误类比

使用毫无根据的比较来得出结论。(例如，"福特公司从外面聘请了一位 CEO 来拯救自己，所以我们也应该外聘一位 CEO。") [①]

谬误 14，光环效应谬误

扣上一个吸引人的词语或描述来证明论点的正当性，使论点本身不受质疑。(例如，"这就是六西格玛的方法。")

---

① 这种逻辑谬误的最明显例子是希特勒归谬法，将某人与希特勒比较，或联系到高德温法则（*Godwin's Law*），认为"随着在线讨论变得越来越久，出现把某人与纳粹或希特勒进行比较的概率会越来越接近 1"。

谬误 15，以偏概全

在证据不足的基础上做出假设。（例如，"焦点小组不喜欢我们的原型，因此该产品显然没有市场。"）

谬误 16，含沙射影的问题

不表现出支持某种负面或不受欢迎的东西就无法回答的问题。（例如，"那么，知道我们决定要开除 300 名员工，你今晚就能睡得更好了？"）

谬误 17，中间立场

认为在两种极端观点之间的妥协是最好的选择。（例如，"里克希望我们在中国的投资加倍，特里希望我们退出，那么我们为什么不索性保持现状？"）

谬误 18，忽视共同原因

因为两件事经常相互关联，就认为是其中一件事导致了另一件事。（例如，"这种气味不是植物排放的气体造成的，而都是那些死鱼的味道。"）

谬误 19，过度简化

将成因复杂交错的问题归于某个单一原因。（例如，"如果不是工会，我们已经完成了生产目标。"）

谬误 20，事后归因

从字面上解释就是，"因为 A 发生在 B 之后，所以 B 就是造成 A 的原因"。仅仅因为一前一后发生，就认定两者是因果关系。（例如，"人们不喜欢这种新颜色；因为自从我们

推出它之后，销量就开始下降了。") [1]

谬误 21，转移焦点（红鲱鱼谬误）

引入一个不相关的话题，试图把争论从原来的问题上转移开。（例如，"不要再讨论设计了；我们真正应该关注的是市场营销的失败。"）

谬误 22，滑坡谬误

假设一项拟议的行动会造成一系列不良事件，即使存在预防手段。（例如，"如果不能如期交付，整个新产品线都会完蛋！"）

谬误 23，稻草人谬误

歪曲或夸大论点，以使其更容易被攻击。（例如，"南希想雇用一个新的合规专员。她一点都不在乎工资成本，只想继续增加职位。"）

谬误 24，一厢情愿

仅仅出于自己的主观愿望或需要，就认为某个假设为真。（例如，"如果在圣路易斯开设新办事处，我们在当地的销售额一定会上升！"）

通常情况下，这些逻辑谬误并不难识别。但是，当红队面对的是一个特别复杂或有争议的战略或计划时，使用论证剖析法（Argument Dissection）[2] 进行更正式的分析会更有帮助。

---

[1] 大多数迷信都属于这种逻辑谬误。

[2] 这通常也被称为论证解构框架（Argument Deconstruction Framework）。

方法二，论证剖析法

不管你的论证涉及的是某个行动的理由还是某个问题的解释，你都可以对其提出以下问题：

◎ 你的论证是否会解决真正的问题？

◎ 进行论证的个人或团体，他们的观点是什么？

◎ 论证是否存在模棱两可或含沙射影的语言？

◎ 论证中是否包含价值冲突？

◎ 论证中是否存在描述性假设（即关于事情是什么的陈述）？

◎ 论证中是否包含规定性假设（即关于事情应该如何的陈述）？

◎ 存在偏见的迹象吗？如果有，是何种偏见？

◎ 论证中是否包含逻辑谬误？

◎ 用来支持论证的证据是否有力？

◎ 如果存在统计数据，这些数据是否有错误？是否具有代表性？

◎ 论证中缺失的信息是什么？

◎ 论证是否基于直觉或感受？

◎ 如果是类比论证，类比是否恰当？

◎ 是否存在相互对立的原因或其他合理的假设？

◎ 是否可以从相同的证据得出不同的结论？

◎ 接受所述的这一论证意味着什么？

这些问题不一定有正确的答案。但通过解答它们，红队将对论证有更深入的理解，辅以下面介绍的更强大的红队技术，为进一步的分析奠定基础。

其中一些技术是美国中央情报局在冷战期间开发的，另一些则来自美国陆军。它们可能不如后面章节中详述的想象力和逆向技术那么有创意，但它们为所有红队练习提供了一个极好的起点。即使你的公司已经在制订计划的过程中使用了类似方法，这些技术仍值得研究，因为它们提供一种更正式、更加结构化的方法，而这样的方法是对战略和计划进行真正的压力测试时不可或缺的。

方法三，关键假设检查法

在红队时，区分事实和假设至关重要。事实是指当前客观上是真实的；它们不是观点，不可争辩，也不是我们相信未来会发生的事。假设是可能真实但当前还不能证明的事情；理想情况下，假设仅仅是那些还不成立的事实，但将来会变成真的。然而，即使如此，假设也不过是一厢情愿的想法。如果你的公司上个季度赚了 36 亿美元，这是事实（除非你的会计团队一直在造假）；如果你告诉华尔街，下个季度你们将收入 36 亿美元，这是一个假设。如果你的新产品在焦点小组测试中表现良好，那是事实；但如果你说新产品会受到消费者的欢迎，那就是一个假设。如果你说你的工厂有能力月产25 000 多台部件，这是事实；但如果说你的工厂可以轻松地满足新部件需求，这是一个假设。

假设本身没有什么问题。每一个战略，每一个计划，每一个组织所做的每一个决策都是建立在假设之上的。假设是规划过程的一部分。挑战在于做出正确的假设，假设越好，计划就越坚实，成功的可能性就越大；危险在于做出错误的假设，甚至更糟糕的是，决策者根本不承认它们仅仅是假设。大多数计划之所以失败，是因为其依赖于未经说明或未经审查的假设。为了确保你的计划不会发生这种情况，在批准计划之前，你必须识别和检查它所依据的所有假设，这一点至关重要。

关键假设检查法（Key Assumptions Check）就是为了帮助你做到这一点。首先让红队仔细查看计划，并列出计划成功必须满足的所有已陈述和未陈述的假设。你可以按照自己的方式列一下，或者借助我在第 5 章中描述的某个解放结构。如果计划很复杂，最好将其拆解开来，检查每一部分的假设。

如果你红队的对象是推出新跑鞋系列的计划，那么假设列表可能包括以下内容：

◎ 市场还有空间接受新的跑鞋系列。

◎ 对跑鞋的需求将保持不变或按计划预期的速度增长。

◎ 消费者欢迎新产品。

◎ 新产品线不会蚕食公司现有跑鞋系列的需求，或者说不会超出计划
预期的水平。

◎ 公司具有新鞋系列需要的生产能力。

◎ 公司为新产品线制订了恰当的营销计划。

◎ 零售商将了解推出新产品线的意图并进货。

◎ 新产品的定价足以覆盖成本并获得足够的利润。

这并不是一个详尽的列表，但它可以让你对通常隐含的假设有一些感觉。

完成列表后，下一步是检查每个假设，并确保它们对规划过程是必要的。如果计划中有不必要的假设，则应加以确定和消除。好的情况下，不必要的假设会使分析复杂化；最害怕的是，这些假设会为新的问题敞开大门，而这些新问题本应该很容易就能避免。在我们的例子中，有健康意识的消费者将仍然热衷于跑步这项运动，就是一个不必要的假设。这个假设对制定更大的战略可能有考查的必要，但作为新产品计划的一部分，花时间去思考它

是否成立就没有多大价值。

剔除所有不必要的假设后，下一步就是通过提问来质疑剩下的每一个假设：

◎ 假设是否合乎逻辑？

◎ 假设是否准确？

◎ 假设是否基于先入为主的观念或偏见？

◎ 假设是否基于历史类比，如果是，类比是否恰当？

◎ 假设若成立，还需要什么条件？

◎ 规划者对这种情况的发生有多大的信心？

◎ 如果假设成立，在任何情况下都会如此吗？

◎ 如果事实证明假设不成立，该如何改变计划？

任何弱势假设或对计划结果有威胁的假设，都需要被标记出来。可能的话，红队应该提出建议证实这些假设，甚至提出应急计划，以防这些假设最终被证明不成立。如果既不能被证实，又没有应急预案，整个计划就可能需要重新评估。

然而，在处理假设时，也要意识到它们并不是同等重要的。有些假设的错误概率很低，不值得担心，除非它们对计划的成功至关重要。推出新跑鞋系列的计划假定，公司将继续获得生产这些鞋所需的原材料。这是一个假设，但如果公司已经在生产跑鞋，那么这个假设很可能已经是真的而且会继续成立，除非发生一场大的全球灾难。另外一些假设不成立的可能性很大，但对计划的成功并不重要。作为红队，这些就可能不值得花费太多时间。例如，我们的鞋类产品战略对货币汇率有隐含的假设。这些汇率可能会大幅波动，并可能影响我们从新跑鞋中赚多少钱，但它们不太可能危及这一计划本身——除非利润率很低，在这种情况下，汇率是值得认真考虑的。

红队应该集中精力处理那些错误可能性很高同时会对计划结果产生重大影响的假设。红队时间有限时尤其如此。这些假设应该帮助组织在执行计划时决定使用什么样的指标来监控其进度。这样，你就可以确定自己正在取得真正的进步，而不仅仅是幸运。

要找到这些关键指标，红队可以使用一种我称之为概率分析法（Probability Analysis）的技术。

方法四，概率分析法

该工具旨在确定战略或计划中值得特别关注的那些假设。概率分析法是基于我从军队学到的一种方法[1]，但我已经在 DBJ 投资咨询子公司高管的帮助下，对其进行了修改，以更好地满足企业的需求。

首先，打印一张清单，列出你找到的所有假设。给每个红队成员一份清单，让其自行研究每一个假设，估算出假设成立的概率，以百分比表示。记住，任何假设成立的可能性都必须小于 100％，否则它就不是假设，而是事实。一旦所有团队成员完成了他们的估算，对每个假设的概率进行加总，再除以红队人数。其结果是，红队对所有假设都给出了一个相信它们成立的概率。

例如，你的红队中有 8 名成员，返回以下结果……

---

① 该方法称为假设灵敏度分析（Assumption Sensitivity Analysis）。

75%，80%，55%，90%，80%，65%，70%，75%

……这意味着团队相信这个假设有 73.75% 的概率会成为事实，因为：[1]

$$75 + 80 + 55 + 90 + 80 + 65 + 70 + 75 = 590$$
$$590 \div 8 = 73.75$$

一旦有了这些数字，就可以把这些平均数相乘，计算出计划的所有假设都成立的概率。例如，你已经确定了 5 个假设各自成立的概率……

73.75%，94.5%，80.25%，70.5%，50.5%

……那么，你的计划得到完美执行的概率大约是 20%，因为：

$$0.7375 \times 0.945 \times 0.8025 \times 0.705 \times 0.505 = 0.1991220567$$

用 1 减去该数字，就得到至少有 1 个假设不成立的概率：

$$1-0.1991220567 = 0.8008779433$$

换句话说，该计划中至少有 1 个假设被证明是错误的概率约为 80%。

---

[1] 此方法被情报分析师广泛使用，以确定无法完全验证的信息的真实可能性。据我所知，美国正是用这种方法在美国前总统奥巴马下令突袭之前，评估躲在巴基斯坦阿伯塔巴德（Abbottabad）一个堡垒内的人是否真的是基地组织首脑本·拉登的。2012 年的电影《猎杀本·拉登》（*Zero Dark Thirty*）中也提到了这一点。

现在，你可以创建一个简短的列表，列出那些很有可能不成立的假设，并将注意力集中在这些假设上。或者你可以通过点投票进一步缩小这个列表，列出你的红队成员认为对计划成功最关键的那些假设，统计出其中得票最多的假设，并根据它们的概率重新排序。这将帮你发现一系列具有很高失败概率并对计划可能有很大影响的假设，你可以将红队聚焦在这些假设上。

有一点很重要，那就是你要理解，这项技术是独立地评估每一个假设，而不考虑一个假设不成立可能会导致取决于它的其他假设也失败，不考虑假设之间的相互关联性。如果这种关联存在，就需要用一种更稳妥但也更耗时的方法进行分析，例如珠链分析法（String of Pearls Analysis）。

方法五，珠链分析法

如果时间和资源允许，你的分析不仅要包括计划所基于的假设，还要考虑所有必须做的事情以及它可能触发的级联效应。意外是规划不足的后果。通过预先锁定这些意外后果，你可以采取措施来避免它们的发生。珠链分析法可以帮助你做到这一点，它还可以揭示计划中隐藏的漏洞、弱点和缺口。这项技术不是为了帮你在不同行动方案之间做出决定或评估不同结果的可能性。更确切地说，它的设计是旨在还有改进时间的前提下，剖析整个计划和概念。由美国蓝军服务部门开发的珠链分析法是红队武器库中最强大的工具之一 [1]。为了更好地满足企业的需求，我对其稍做修改，成果是一个由 5 个步骤构成的结构化的过程，最后生成详细的图形分析。这对于向高层领导解释红队的调查结果是非常有用的。

---

[1] 英国国防部的概念测试方法是这种技术的更精细版本。

第一步：分析计划文件，确定所有必须完成的主要任务，无论是写明的还是暗含的。将这些任务按顺序编号创建一条"珠链"，用不同颜色编码区分计划的不同阶段（如施工、试生产、生产等）或责任分工（如生产、营销、分销、销售等）（如图 6-1 所示）。

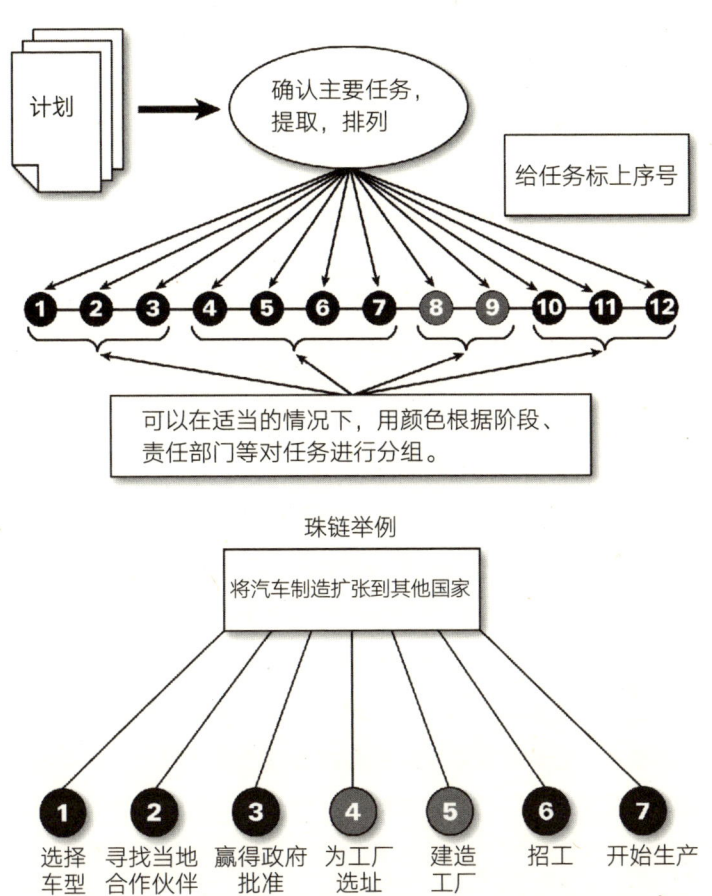

图 6-1　第一步：用图表形式展示所有单个任务

第二步：为每个任务创建一个蛛网式图表，标出每个任务的假设、依赖项和级联效应（如图 6-2 所示）。

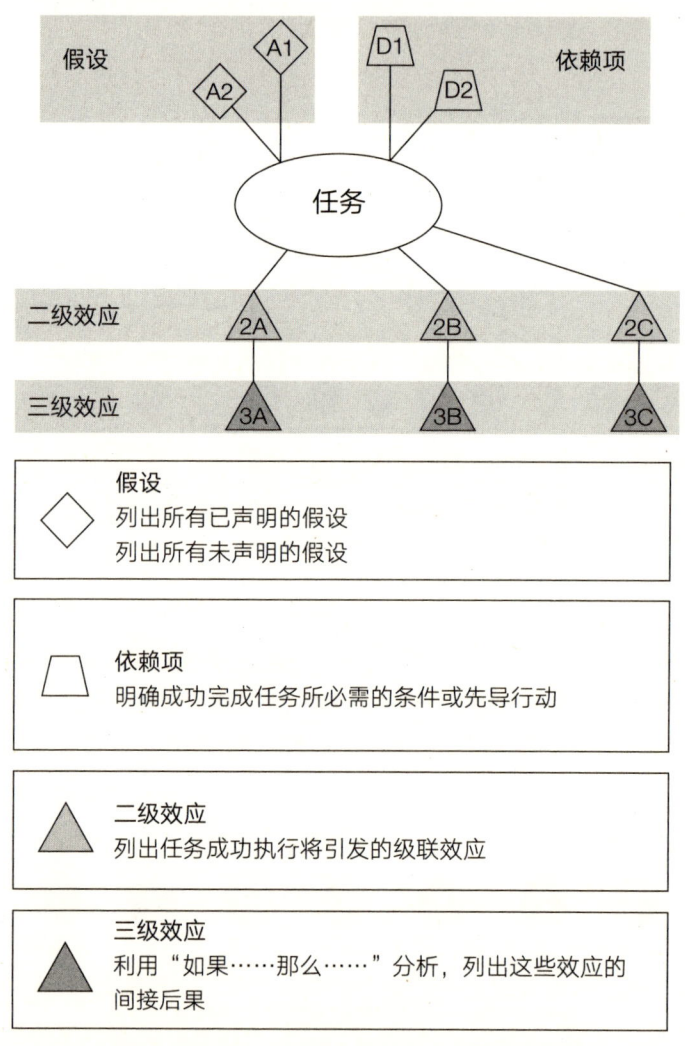

图 6-2　第二步：为每个任务创建一个蛛网式图表

　　在白板上执行此操作最简单，但你也可以使用 PowerPoint 或 Pages 这样的工具进行演示。独立地查看每一项任务，找出它们背后所有写明的和暗含的假设，就像你在关键假设检查法中所做的那样。例如，如果你正红队在其他国家扩大汽车生产的计划，那么其中一项任务可能是获得当地政府的批准。这项任务是基于几个假设：它假设当地政府允许外国制造商在当地扩大汽车生产，愿意与贵公司合作开展这样的项目，并且贵公司愿意遵守当地政府可能提出的任何条件。所有这些假设都应该在图表中标出（如图 6-3 所示）。

　　接下来，确定每个任务的依赖项，就是那些成功完成任务所必需的条件或事件。依赖项可以是已在计划分析中被确认的其他任务或附属要求。获得当地政府批准的关键依赖项可能包括与当地人建立必要的关系，找到一个合适的当地制造业合作伙伴，通过谈判达成一项符合双方需求的协议。所有这些也都需要添加到图表中。

　　最后，确定每个任务的二级和三级效应。这些都是正在完成的任务的直接和间接结果。获得当地政府批准的二级效应可能包括公司自己国内的工会问题，以及消费者反对将生产转移到其他国家的负面反应。三级效应源于二级效应，这种关系应该反映在图表上。在我们的例子中，与工会的关系变得紧张可能会使即将到来的劳资谈判更具挑战性；而公司自己国内的消费者信心有了负面影响的话，可能会需要公司发起一场新的广告宣传活动，承诺维持其在自己国内的投资和汽车生产。

　　如果你考虑的时间足够长，就会意识到任何行动都有无数的级联效应。重点不是找出全部，而是找出可能导致计划出现意外负面后果的最重要的因素。

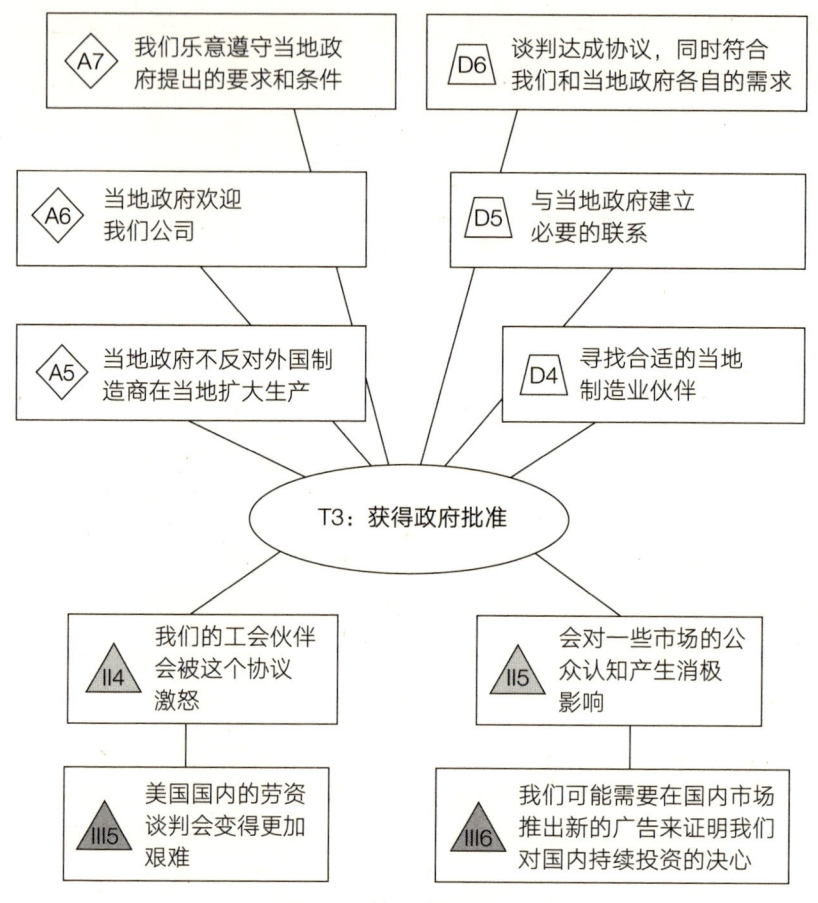

图 6-3　蛛网式图表示例

　　第三步：完成每项任务的蛛网式图表之后，创建一个电子表格，列出每个任务以及它的假设、依赖项和级联效应（如表 6-1 所示）。

　　在创建此电子表格时，请考虑这些项目对计划成功的重要性。如果某个假设不成立会使计划出现风险，则用 R 标记它；如果某个假设会导致计划失败，则用 F 标记。研究每一个假设，并标记那些不太成立或很难被验证为真的假设。

表6-1 第三步：创建一个电子表格

任务	选择车型	寻找当地合作伙伴	赢得政府批准	为工厂选址	建造工厂	招工	开始生产
假设	A1: 我们正好有一款车型非常适合在当地生产	A2: 有一个当地汽车厂拥有我们需要的技术和专长 A3: 那个汽车厂没有和我们的竞争对手结盟 A4: 那个汽车厂欢迎我们成为他们的合作伙伴	A5: 当地政府不反对外国制造商在当地建厂 A6: 当地政府欢迎我们公司进入当地 A7: 我们愿意遵守当地政府提出的要求和条件	A8: 当地有合适的场地给我们建厂	A9: 我们能够获得当地政府的批准 A10: 我们能够保证建造新厂所需的资金	A11: 我们能够在当地找到熟练的工人 A12: 我们能够协商出可接受的劳动协议	A13: 我们拥有必要的零部件供应 A14: 工厂能够获得水、电以及其他生产资料供应
依赖项	D1: 完成车型的设计	D2: 与那个汽车厂达成双方都可接受的协议	D4: 找到当地合适的制造业合作伙伴	D7: 那个厂址同样能够满足我们当地伙伴的需要	D10: 完成新工厂的设计	D13: 成功完成与自己国家劳工会的劳资谈判	D16: 与供应商签署必要的协议

145

续 表

任务	选择车型	寻找当地合作伙伴	赢得政府批准	为工厂选址	建造工厂	招工	开始生产
	一	D3：拥有符合那个汽车工厂需求和能力的车辆设计方案	D5：与当地政府建立必要的联系	D8：该厂址符合当地政府的要求	D11：寻找建筑公司来建造工厂	D14：雇用具备必要技能的必要工人	D17：与当地公共设施公司签订必要的协议
		一	D6：达成符合我方和当地政府需求的谈判协议	D9：我们能够以优厚的条件拿到那块厂址	D12：得到必要的允许和批准	D15：培训这些工人	一
二级效应	I1：将现有车辆的生产转移到当地将导致该目前生产的工厂产能过剩	I2：我们的生产能力和产品计划现在将取决于该汽车厂商	I4：我们的工合作伙伴将对此协议感到愤怒	I6：拿到一块好厂址将增加我们的不动产开支	I8：投资新工厂将导致我们的资本支出预算增加	I9：我们的劳动力成本会增加	I11：成品车辆需要运往经销商处
一	一	I3：我们必须与当地合作伙伴共享知识产权	I5：某些市场的公众认知可能会受到负面影响	I7：为未来的扩张提供资金可能更加困难	一	I10：我们可能需要对当地的国营工会承担新的义务	I12：供应商库存将减少

续 表

任务	选择车型	寻找当地合作伙伴	赢得政府批准	为工厂选址	建造工厂	招工	开始生产
三级效应	III1: 我们需要为工厂找到另一种产品进行生产	III3: 如果我们的当地合作伙伴无法履行对我们的承诺，生产计划和全球产能将受到负面影响	III5: 自己国内未来的劳资谈判可能更具挑战性	—	见 III7	III7: 我们在当地的生产可能会受到当地劳资纠纷或罢工的负面影响	III8: 我们需要确保有足够的运输能力将我们的车辆交给经销商
	III2: 如果没有，我们将不得不对工厂进行裁员	III4: 我们的当地合作伙伴可能未经我们许可使用我们的知识产权或与其他当地公司分享	III6: 我们可能需要在我们本土市场推出一个新的广告活动，宣传我们在本国的生产和承诺	—	—	—	III9: 我们可能需要找到关键零部件的其他供应商，以应对不断增长的需求

接下来，继续讨论依赖项和级联效应。为每一个指定不同的颜色，浏览列表时，请注意任何有风险的依赖项以及任何不良的级联效应。

完成电子表格后，计算每个假设、依赖项和效应在计划执行过程中发生的次数。一定会有某些事件在多个任务中反复发生，它们需要特别注意。花时间对这些假设进行压力测试，因为整个计划的成败很可能就取决于它们。如果尚未将这些依赖项标识为任务，请将它们添加到任务列表中，并为其制作一个蛛网式图表。最后，确定组织是否已经准备好应对这些二级和三级效应，并注意任何可能需要从长计议的效应。

第四步：创建一个图表，用于汇总并呈现这些结果，找出计划的所有缺陷或弱点。从珠链结构开始，注意计划所依赖的任何有风险的或弱势假设（如图6-4所示）。

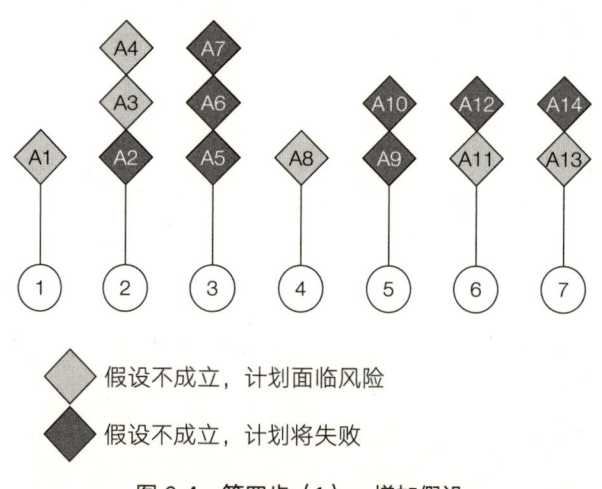

图6-4　第四步（1）：增加假设

接下来，使用不同的形状，对应电子表格中的颜色，在每个任务上方添加关键依赖项（如图 6-5 所示）。

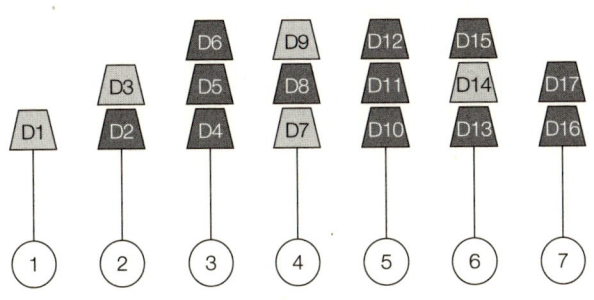

图 6-5　第四步（2）：增加依赖项

然后在每个任务下面添加二级和三级效应，同样使用彩色形状来区分（如图 6-6 所示）。

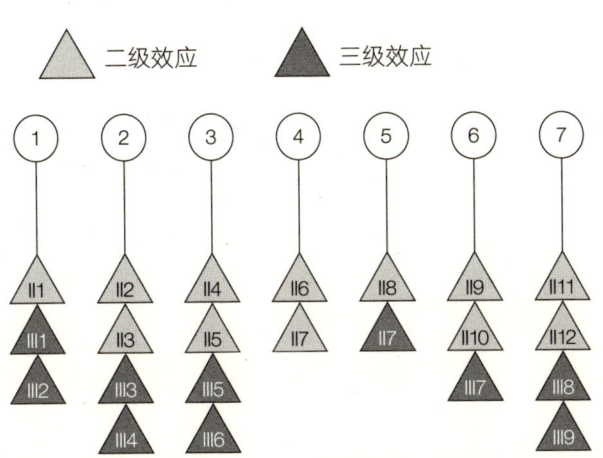

图 6-6　第四步（3）：增加二级和三级效应

现在，将所有这些元素合并到一个图表中（如图 6-7 所示）。

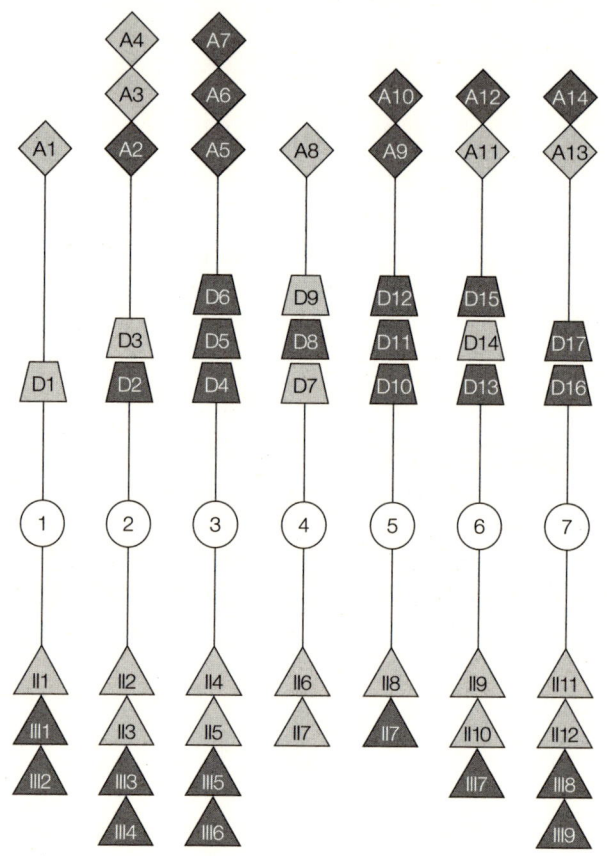

图 6-7　第四步（4）：合并所有元素

第五步：分析这个图表并突出显示所有存在很大失败风险的任务——那些依赖于弱势或无效假设，有很明显的依赖项或将产生不良级联效应的任务。

与组织的决策者分享最终的图表，指出红队已经找到的缺口和弱点。我还建议你与制订原始计划的人分享这些发现。这将使他们有机会重新评估这些任务或制订应急计划，以应对这些潜在的失败点。

珠链分析法并不完美。它所审视的不同因素并不是相互加权的。但我发现，没有任何其他方法能如此有效地描绘出所有必须结合在一起才能完美执行一项战略计划的相互关联的要素。珠链分析法可能需要几天甚至几周才能完成。限于时间和精力，我建议你把它用于那些可能对你的公司产生深远影响的计划。如果你正在分析的计划对你公司的成功至关重要，就值得花时间来进行这样的分析。

方法六，利益相关者分析法

在红队练习开始时，除了找出假设，查看所有与你正在评估的战略或计划有利害关系的团体也会有帮助。如果你知道那些群体可能反对或破坏计划，例如工会、政府监管机构或竞争对手，就更应该这样做。找出这些群体的最简单方法是通过一种名为利益相关者分析法（Stakeholder Mapping）[1] 的技术。

首先创建一个与计划成败有利害关系的所有团队的完整列表。除了潜在的对手外，还包括潜在的盟友。此外，也确保包括雇员、供应商、合作伙伴、客户、零售商、分销商以及计划所涉及的所有其他团体。接下来，将这些群体分别用黑色、白色或灰色等不同颜色来标记。表 6-2 展示了推出行李搬运机器人计划的利益相关者分析图表。

---

① 与第 7 章中描述的四视角审视法结合使用时，利益相关者分析法最有效，该方法从不同的主要利益相关者的角度审视问题。

表 6-2　推出行李搬运机器人计划的利益相关者分析表

利益相关者	支持	反对
顾客	�	
股东		
机场管理方		
雇员	▨	
工会（飞行员）		▨
工会（乘务员）		▨
工会（行李处理员）		■
工会（机械师）		■

注：1. 黑色代表竞争对手 / 对手 / 强硬的反对派。
　　2. 白色代表盟友 / 伙伴 / 强有力的支持者。
　　3. 灰色代表一般反对者 / 一般支持者。

　　一旦你做完了这件事，看看灰色的部分。这些群体是中间地带，是成败的关键。作为红队，你的挑战是弄清楚是否有办法将一般反对者变成一般支持者，或是将一般支持者变成强有力的支持者。这样做可以将潜在的对手变成盟友，并确保那些已经站在你这边的群体不仅站在你这边，而且实际上会成为你计划成功的积极贡献者。

　　这就是艾伦·穆拉利在福特公司所做的。在 2006 年秋季接任 CEO 后，他接触了福特公司的供应商、经销商和工会，并向这些利益相关者展示了如果他们帮助福特公司的转型计划取得成功，他们就会因此更加成功。所以，穆拉利得以与全美汽车工人联合会通过谈判达成一份改变游戏规则的合同，说服经销商改造福特汽车的展厅以提升福特的品牌形象，并让零部件制造商为福特提供最好的技术和更优惠的条款。

方法七，竞争假设分析法

如果你的论证剖析法表明对一个问题可能有其他解释，你可能需要通过一种被称为竞争假设分析法（Analysis Competing Hypotheses，简称 ACH）的技术来更仔细地检查这些解释。这种方法是美国中情局在 20 世纪 70 年代开发的。当你需要对复杂问题进行分析判断并且有大量数据和其他证据来衡量和考虑时，这种方法尤其有价值。我已经根据美国中情局于 1999 年出版的《情报分析心理学》（*The Psychology of Intelligence Analysis*）逐步调整了这一方法。

第一步：集思广益，针对问题找出所有可能的解释。你可以通过非正式的方式，或者使用第 5 章中描述的某种解放结构。一定要包括所有可能的解释，不管看起来有多遥远。只有在所有可能性都摆在桌面上之后，再开始剔除那些不值得认真考虑的可能性。但这么做的时候一定要小心，只排除那些将被否定的假设，而保留那些有待证实的假设。

第二步：列出支持和反对这些假设的证据。对于每一种解释，红队都应该问问自己，如果这个假设是真的，需要什么样的证据，然后确定这些证据是否真的存在。如果存在，请将该证据添加到列表中。同样重要的是，要注意到这些证据的缺席。这个列表可以，而且通常应该包括臆测。只需确保这些臆测被识别出来。

第三步：准备一张图表，把所有的假设都列在上面，每一个重要的证据附在一旁。完成这个图表后，查看每一条证据，如果证据与假设一致，就在假设下面画一个"√"；如果证据与假设相冲突，就在假设下面画"×"。如果证据既不支持也不驳斥既定假设，则将该假设下方的方框留白。

第四步：一旦你评估了所有的证据，根据这些信息再看一看每一个解释。 想一想，换个说法重述假设是否会使其与证据更加一致。如果是这样的话，用这种新的语言重写假设。请注意图表上所做的任何更改。此外，考虑一下证据是否提供了其他新的解释。如果有，将它们添加到图表中；如果很少或根本没有证据可以区分这两种假设，则把这两种假设合并成一种。一旦你审查了所有的解释，再看看每一条证据。消除每栏中都有"√"的内容。由于这样的证据支持所有的假设，它没有判断价值，可以忽略。同时，消除任何既不支持也不反驳任何解释的证据。同样，它们没有任何判断的作用。最后，想一想是否有任何新的证据支持或反驳这些假设，如果有，将其添加到图表中[①]。

第五步：就其余每种假设的相对可能性得出初步结论。 按照图表的方式，看看现在是否有任何解释似乎比其他解释的可能性更大或更小。在这样做的时候，你应该设法反驳假设，而不是肯定它们。其中"×"最多的那个可能是最不可能的解释；"×"最少的那个可能是最有可能的假设。标记远没有那么重要，因为如果证据足够有力的话，那么一条驳斥假设的证据就足以推翻解释——即使有很多证据支持它。根据每个证据下面"×"的数量，将剩余的解释从最有可能到最不可能的情况排序。在完成清单工作时，要警惕第3章中描述的认知偏差。确认偏差是对这种分析的特殊威胁，因此客观地考虑你面前的所有证据非常重要，然后得出最有可能正确的解释的最佳结论。图表不应规定结论，而应作为指导，帮助你比较每种假设的优缺点。表6-3展示了使用竞争假设分析图表的示例。

---

① 我建议在进行任何这些更改之前把图表拍照保存，以便在必要时参考原件。

表 6-3　竞争假设分析图表示例

问：Z 公司对我们新的量子计算机会有什么反应？
假设 1：Z 公司已经在开发自己的量子计算机，并且已经准备好将其产品推向市场。
假设 2：Z 公司已经在开发自己的量子计算机，但一旦我们宣布自己的项目，Z 公司就会加速开发它的项目。
假设 3：Z 公司没有开发自己的量子计算机，但一旦了解了我们的计算机就会开始开发自己的。
假设 4：Z 公司对开发量子计算机不感兴趣。

证据	H1	H2	H3	H4
Z 公司公开表示它相信"量子计算就是未来"	√	√	×	×
去年夏天，Z 公司试图收购加拿大量子计算初创公司				×
去年秋天，Z 公司聘请了该加拿大公司的首席技术官（CTO）	√	√	×	×
那个人 3 个月后辞职，Z 公司并没有找到接替者	×			
Z 公司在过去 3 个月中聘请了 27 位新的计算机工程师，其中包括几位参与量子计算研究的应届毕业生	×	√	×	×
Z 公司在其网站上仍有 17 个招聘职位，目标是有量子计算经验的工程师	×	√	×	×
在我们推出四核计算机之后，Z 公司加速了自己的四核计算机开发，并在 6 个月后推出了其第一台计算机		√		
结论：假设 2 最有可能是正确的				

　　第六步：看看你的结论对于一些关键证据有多敏感。如果证据是错误的、有误导性的，或者可以做出不同解释，就要考虑一下它们对你的分析结果的影响。请对决定了你分析方向的关键证据进行压力测试。如果你担心你的组织可能会否认某件事，就赶紧告诉他们。如果你正在评估的某些信息有可能是故意欺骗或有误导性，那么现在也是考虑这种可能性的时候了。你要检查原始的材料，而不是依赖于别人对它的解释。在坚持一个假设之前，你可能还需要进行额外的研究。

　　第七步：报告你的结论。一定要包括对所有其他解释的相对可能性的分析，这些解释都不能被断然拒绝。解释为什么你觉得自己的选择最有可能是真的。这一点很重要，因为决策者需要知道存在其他解释。给每个假设指定一个百分比值，来反映红队对每种解释的可能或不可能程度的评估。

第八步：确定用于未来观察的转折点。在这些转折点上，事态的发展开始偏离你的预期，这意味着你的解释可能是不准确的[1]。

"分析性结论应始终被视为暂定结论，"竞争假设分析法的主架构师、美国中情局前分析师小理查兹·霍耶尔写道，"当新的信息进来，改变了你的评估，整个形势可能会发生变化，也可能保持不变。提前找到应该注意或警惕的那些事情总是有帮助的，它们总是对概率变化有着极大的影响……提前发现哪些事情会使你改变主意，也会帮你避免在事情变化时找借口粉饰。"

如果你有一支内部红队，让它注意这些变化信号。红队还可以在计划执行阶段继续监控所有假设，以充分利用关键假设检查法或珠链分析法的成果。一旦有假设被证明是错误的，再次检查你的计划，看看它是否仍然能达到预期目标。如果不可能，就该重新评估你的战略，而不是固守没有希望成功的行动方案。

不管你的红队是外部的还是内部的，常设的还是特设的，它都可以使用本章介绍的工具来识别错误逻辑和有瑕疵的思考，来探索挑战群体思维和传统智慧的替代解释，弥合组织的战略和计划中的裂缝。将这些工具与下一章介绍的想象力技术相结合，可以帮助组织躲过会让企业破产的灭顶之灾。

---

[1] 施乐公司帕洛阿尔托研究中心已经开发出了使竞争假设分析法更简单的软件。

◎ 我们需要红队，也需要所有人能够批判性和创造性地思考，如果我们能够始终比敌人进行更好的思考，占据认知优势，那将是一种很难战胜的战略武器。

◎ 批判性思考是成功红队的先决条件，看上去毋庸置疑，但做到却不容易。批判性思考法不仅仅要问出正确的问题，还要防范对话、争论和计划被逻辑谬误潜入——逻辑谬误就像战略或计划结构中的细小裂缝，一开始很难被发现，但最终可能导致整体的失败。

◎ 每一项战略、计划、决策都是建立在假设之上的，挑战在于做出正确的假设。大多数计划之所以失败，是因为其依赖于未经审查的假设。在批准计划之前，你必须识别和检查它所依据的所有假设，这一点至关重要。

◎ 作为红队，你的挑战是想办法将潜在的对手变成盟友，并确保那些同一阵营的盟友不仅站在你这边，而且实际上会成为你计划成功的积极贡献者。

RED
TEAMING

第 7 章

想象不可思议，
七大想象力方法

测一测你对红队策略了解多少

1. 百视达因目光短浅而忽视用户"讨厌缴纳滞纳金"的痛点并一再拒绝奈飞抛来的橄榄枝，下列哪种想象力方法帮助你洞悉对手、用户和其他相关者的想法？

   A. 四视角审视法
   B. 由外及内思考法
   C. 未来可能性分析法
   D. 丰田 5WHY 分析法

2. 当你只有 1 个小时的时间来快速检验自己的计划有无漏洞时，下列哪种方法可以帮到你？

   A. 事前检验分析法
   B. 对手行为预测法
   C. SWOT 分析法
   D. 竞争假设分析法

3. 一些公司在给潜在客户提交重大投标前，会鼓励红队想象自己即是客户，并明确提出拒绝的理由，以找出漏洞，提高胜率，这种方法被称作什么？

   A. 利益相关者分析法
   B. 论证剖析法
   C. 对手行为预测法
   D. 竞争假设分析法

4. 任何问题的根源都是得到永久解决方案的关键，下列哪种方法可以帮你解决战略核心问题？

   A. 由外及内思考法
   B. 四视角审视法
   C. 事前检验分析法
   D. 丰田 5WHY 分析法

在真正和敌人短兵相接之前，任何计划都是
徒劳。

——赫尔穆特·毛奇（Helmuth Moltke）

2000 年，奈飞 CEO 里德·哈斯廷斯（Reed
Hastings）和他的高管团队，带着一份提案飞往达拉
斯，拜访音像租赁巨头百视达的总部。此时的奈飞仍
在努力于音像租赁行业寻求一块立足之地，哈斯廷斯
和公司知道，未来将在线上，但他们也希望为用户在
线下提供一个租借影片的场所。他们知道百视达也在
努力打入线上市场。因此，奈飞主动提出帮助百视达

运营其线上业务，以进驻其线下门店作为交换[①]。

"我们几乎是被他们的大笑声给轰出门的。"奈飞前 CFO 巴里·麦卡锡（Barry McCarthy）回忆说。

百视达高管们的嘲笑并没有停止。当哈斯廷斯提出报价 5 000 万美元将公司卖给百视达时，他们在笑；一年之后哈斯廷斯报出同样的价格时，他们在笑；当越来越多消费者从奈飞的网站或 Redbox 的音像自动柜机租赁电影时，他们还在笑；当百视达公司营收萎缩、陷入亏损时，这群家伙甚至仍未停止嘲笑。

"无论是 Redbox 还是奈飞，甚至还没有进入我们的竞争雷达范围。"2008年 12 月，百视达 CEO 吉姆·凯斯（Jim Keyes）驳斥华尔街对这些竞争对手的担忧，而百视达高管们的嘲笑也变本加厉了。

不到两年，百视达破产。到 2013 年 11 月它的最后一家店关闭时，奈飞的市值已经接近 200 亿美元。

百视达的倒闭是个令人警醒的故事，它告诫全球商业领袖，不认真对待新的竞争对手，后果会不堪设想。这当然是对的，但是这个故事也告诉我们，企业不了解自己的客户会遭到怎样的惩罚。

---

① 奈飞公司仅用 21 年时间就将市值做到 1 500 亿美元，这主要得益于其高效的企业文化。奈飞前首席人才官帕蒂·麦考德（Patty McCord）凭借其 14 年的深厚经验，深度解读奈飞的企业文化和人才理念，并写成《奈飞文化手册》（*Powerful*）一书，该书简体中文版由湛庐文化策划出版。——编者注

"至少在最初，他们认为我们是一个非常小众的企业，"麦卡锡说，"这对我们来说非常有利。"

但早在 2000 年，奈飞就已经不仅仅是一家小众企业了。奈飞解决了消费者对百视达和一般音像租赁企业的最大抱怨：滞纳金。当哈斯廷斯租了《阿波罗 13 号》（Apollo 13）忘了还，他亲身体验到了这个问题。

"我晚还了 6 个星期，因此欠音像店 40 美元。我忘了把录影带放在什么地方了，这都是我的错，我不想告诉妻子这件事。我对自己说，'怎么能让一笔滞纳金影响到我的婚姻幸福？'"哈斯廷斯后来告诉《纽约时报》，"在去健身房的路上，我忽然意识到健身房拥有一种更好的商业模式。每个月交 30 或 40 美元会员费，你想去几次就去几次。"

于是，奈飞就这样诞生了。人们喜欢租赁电影看，但讨厌音像店，就是因为那些不菲的滞纳金。百视达不仅没有认识到这些费用对其品牌形象造成的损害，而且还将这些罚款作为其主要收入来源。因为未能理解用户在租赁电影过程中的痛点，导致了百视达最终的倒闭；同样，百视达灾难性的短浅目光让它一再拒绝了奈飞抛来的橄榄枝。如果当时百视达使用了四视角审视法这种红队技术的话，可能也不至于犯这两个错误。

方法一，四视角审视法

由史蒂夫·罗特科夫上校开发的四视角审视法，是一种简单但非常有效的技术，可以提供珍贵的洞见，来帮你理解你的竞争对手、客户和其他主要支持者怎样看待你的企业、行业，以及你是怎样看待他们的。尽早使用这些信息，可以帮助你的规划者制定战略，以应对这些关键群体带来的挑战和机

遇。就算规划过程已经完成，红队还是可以使用这一技术来确保规划者已经
考虑到了所有利益相关者的敏感处和预期。

开始使用四视角审视法时，要先利用上一章中描述的利益相关者分析法
来找出计划或战略可能会影响到的那些最重要群体。列完清单后，针对那些
需要进一步仔细分析的群组，分别创建一个四象限图（如图 7-1 所示）。

图 7-1　四视角审视法

X 代表你的公司或组织。Y 代表你要分析的群组，可能是客户、关键竞争
对手、政府监管机构、工会、供应商、零售商、收购对象、员工，甚至组织内
的其他部门。具体程度视你的时间和计划需要而定。你可以为你的北美客户、
南美客户、欧洲客户以及亚太地区客户分别制作单独的图表，而不是将所有客
户视为一个整体。你可以将所有竞争对手放在一张图表中，也可以根据主要竞

争对手分别制表。划分粗细将完全取决于目标群组与你的战略的相关程度。

表格设定好了之后，你要和团队一起，从左上角开始，思考你的公司是如何看待自己的。思考企业的价值观，目标以及决定企业行为的各种特征。你的公司是保守还是冒进？是行业主宰者还是受控者？是主动还是被动？是在创新还是努力在跟上市场的变化？诚实地回答这些问题。这不是在写广告文案或者新闻通稿，而是要对组织进行毫不含糊的评估，从而实现有意义的分析。你的网站上可能写着你们是"创新型"的企业，但如果大多数员工不同意这种说法，那么请将其从图表中删除。同时，请记住，这里的问题不在于你的组织实际上是什么样的，而在于它相信自己是什么样的组织。红队可能会发现，你的公司并不是这个领域里最具创新性的，但如果组织和大多数员工是这样认为的，那么无论如何，在左上角写上"创新"。

在接受美国陆军的红队培训期间，我们使用四视角审视法分析了当时在维也纳进行伊朗核问题谈判的主要参与者。一些同学对美国做出了非常尖锐的描述；这是可以理解的，在美国多次出兵中东后，他们已经厌倦不堪。我们的导师不断提醒，重点不在于描述美国的实际行为，而在于这个国家在世界上如何看待自己。

完成了对自身组织的分析，再来看右上角方框的目标分析群组。他们又是如何看待自身的？他们的立场是什么？想要什么？看重什么？害怕什么？记住，你的工作不是描述他们的行为或你对他们的看法，而是描述他们对自己的看法。把自己放在他们的立场上，真正地从这个群体的角度来看待这些问题，而不是你自己的看法。

接下来，来到左下角的方框，思考你的组织如何看待该方框内的群组。再说一次，要绝对诚实。如果是在分析商业伙伴或员工，忘记那些官方说辞，想想你的组织成员们私下是如何谈论他们的。如果你把特许经营商看作是摇钱树，那就承认吧。如果你认为工会贪婪，就把"贪婪"这个词写进去。如果你认为生产合作伙伴不称职，请确保正确记录。

最后，移动到右下角的方框，思考一下你所分析的群体又是如何看待你的——不是你希望或期待他们如何看待你，也不是他们在真正理解你的前提下会如何看待你，而是他们对你、你的产品或服务、你的动机、你的终极目标的真正看法是怎样的。请做到铁面无私。如果你试图掩饰，分析将毫无价值。图 7-2 展示了从公司和工会视角相互审视的应用示例。

我们公司如何看待自己	工会如何看待自己
◎ 善于创新	◎ 工人的靠山
◎ 公平的谈判者	◎ 精明的谈判者
◎ 关怀员工	◎ 关心其成员
◎ 就业 / 财富创造者	◎ 就业 / 财富保卫者
◎ 对未来充满乐观	◎ 担忧自己的未来
我们公司如何看待工会	工会如何看待我们公司
◎ 过时的	◎ 过时的
◎ 腐败的	◎ 贪婪的
◎ 利用我们的员工捞好处	◎ 压榨我们的成员
◎ 阻碍我们的进步 / 增长	◎ 阻碍我们的进步 / 增长
◎ 提出不合理的要求	◎ 提出不合理的要求

图 7-2　四视角审视法图表示例

在填好最后一个方框后，研究整张图表，找出 4 个方框之间存在的所有断点。想想如何才能弥合这些分歧，或者，在适当的情况下如何利用它们。思考这些对你的计划的影响，并讨论如何改变你的战略才有助于解决你在图表中看到的挑战，或者有助于利用你看到的机会。

针对你决定要检查的每个大组和小组重复此过程。没有必要反复填写左上角的象限；每个群组与你组织之间的关系，只需要分析一次即可。但是，探索不同群体如何看待彼此可能非常有用。这种情况下，用 X 代表一组，Y 代表另一组，而你自己的组织不再出现在图表内。

你也可以创建一个更大的图表，把所有需要考虑的主体都包括在内。你可以用 4 乘 4、8 乘 8 和 16 乘 16 的表格，分别提供 16、64 和 256 种不同观察视角。再说一次，这一切都取决于你有多少时间用来分析，以及你正在进行红队的问题的性质。

如果当年百视达使用四视角审视法对客户进行了分析，它就有可能发现那些高昂的滞纳金造成了多大的损失，进而取消这种做法①。它可能也已经了解到那些顾客是多么懒得往音像店跑。如果百视达研究了同样这批用户对奈飞的看法，它可能就会意识到，这个竞争对手已经找到了更好的方式来满足这些人的需求，并会接受那 5 000 万美元的报价买下奈飞。

不幸的是，百视达的致命弱点还在于它缺乏远见。世界正在改变，但百视达和其他许多传统企业一样，没有看到这些变化将如何颠覆这个行业。一种由外及内的思考法（Outside-in Thinking）恰恰可以克服这种目光短浅。

---

① 百视达最终取消了滞纳金，以应对与奈飞的日益激烈的竞争，但为时已晚。

方法二，由外及内思考法

我们往往习惯于从手头的事物开始思考和解决问题。这种方法没有任何问题，但从眼前而非一个更大的世界着眼，可能会让我们错过重要的机会，就像百视达那样。由外及内思考法就是为了避免发生这种情况而设计的。顾名思义，这种分析形式，从更大的环境入手，最终回到红队正在研究的问题上。

这是一个简单的四步骤过程[①]。

第一步： 列出所有组织无法掌控却可能会对问题产生影响的主要因素——社会、经济、技术、政治甚至环境。可能是包括全球经济、地缘政治到新科技或消费趋势在内的任何事物。

第二步： 找出对你的公司能够施加一定影响的因素。可能包括客户、供应商、商业伙伴、政策制定者、行业组织，甚至某些市场、消费趋势和新兴科技。

第三步： 思考这些主体，每一个会以何种方式对问题产生积极或消极的影响。例如，工会可以拒绝支持关键要素来阻挠你的计划，或者给予主动热情的支持来促成计划的成功。

第四步： 考虑你的组织可能如何影响这些参与者，并推动他们朝着一个能够帮助你实现战略目标的方向前进，或者至少规避掉前进路上潜在的障碍。拿工会的例子来说，情况可能很简单，只需要你坐下来和工会领导们解

---

① 美军在传授此方法时将过程分为 3 个步骤，我添加了第四步来帮助企业更有效地利用。

释一下计划的内容；也可能很复杂，比如在其他方面要做出必要的让步。

如果百视达进行了这种分析，它就可能已经认识到互联网对消费者行为的影响，并意识到其现有商业模式很快就会被取代。有了这些洞察，百视达可能很早就启动了线上服务。可事实却是，百视达意识到这一点时已经太迟了，这给奈飞完善其模式并建立客户群提供了充足的时间。

诚然，预见这样的趋势路径并不容易。幸运的是，还有另外一种方法可以提供帮助，即未来可能性分析法（Alternative Futures Analysis）。

方法三，未来可能性分析法

红队不能让你预见未来，未来可能性分析法却可以揭示战略的不同打开方式，让你的组织能够对最好和最坏的情况都有所准备。这种方法在应对高度的复杂性或不确定性方面尤其有用。

先使用头脑风暴或由外及内思考法，详尽罗列出所有可能影响计划执行效果的力量和因素。然后，使用第 5 章中介绍的一种解放结构，对该列表进行精简，只剩下两个：最有争议的变量和可能对最终结果影响最大的变量。例如，我们班的任务是分析美军的"陆军大学"新计划，旨在对所有教育举措进行重大改革，从基础训练到陆军战争学院，使所有士兵接受的指导能更容易地转用于平民。我们班确定了两个最大的变量，就是在推广新计划时军队需要使用多大的力度，以及民间许可证颁发机构和认证机构给予何种程度的支持。

接下来，分别为每个变量确定两个最相关的值。在我们的案例中，分别是快速推广和渐进推广，全面认证和有限认证。完成之后，创建一个简单的图表，根据两个变量对应的两个赋值，生成一个四象限图，每个象限代表战略或情况展开的不同方式（如图 7-3 所示）。

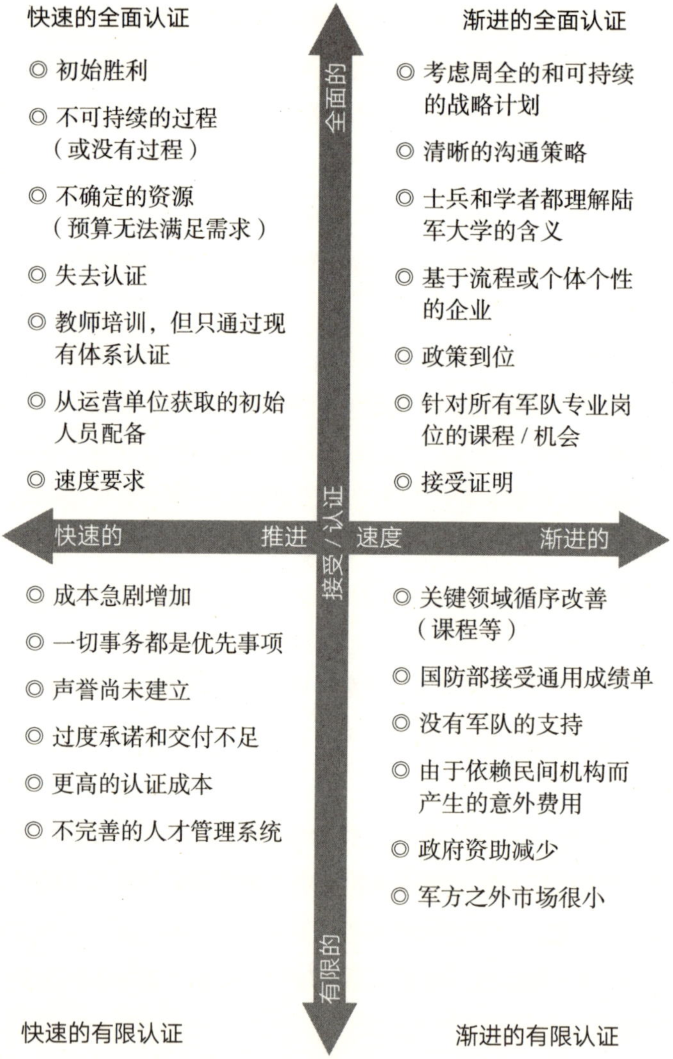

快速的全面认证

◎ 初始胜利

◎ 不可持续的过程
（或没有过程）

◎ 不确定的资源
（预算无法满足需求）

◎ 失去认证

◎ 教师培训，但只通过现有体系认证

◎ 从运营单位获取的初始人员配备

◎ 速度要求

渐进的全面认证

◎ 考虑周全的和可持续的战略计划

◎ 清晰的沟通策略

◎ 士兵和学者都理解陆军大学的含义

◎ 基于流程或个体个性的企业

◎ 政策到位

◎ 针对所有军队专业岗位的课程 / 机会

◎ 接受证明

全面的

快速的 — 推进 速度 — **渐进的**

接受 / 认证

快速的有限认证

◎ 成本急剧增加

◎ 一切事务都是优先事项

◎ 声誉尚未建立

◎ 过度承诺和交付不足

◎ 更高的认证成本

◎ 不完善的人才管理系统

渐进的有限认证

◎ 关键领域循序改善
（课程等）

◎ 国防部接受通用成绩单

◎ 没有军队的支持

◎ 由于依赖民间机构而产生的意外费用

◎ 政府资助减少

◎ 军方之外市场很小

有限的

图 7-3　未来可能性分析法图表示例

图表建好之后，让红队对每一种未来可能性进行思考，并尽可能详细地对其进行描述。每一种情况发生，会对你的组织产生什么影响？对你的竞争对手、客户或其他关键利益相关者会产生什么后果？将会创造哪些新的挑战和机遇？你还要思考，要达到每一种最终状态的前提是什么。努力找出那些情况或计划发展过程中，表明该情况或计划正朝着哪个方向前进的迹象。如果所有结果都不是你想要的，你的组织就应对计划进行调整，以确保其向着更有利的方向展开，甚至可以制订一个应急计划来防止事态跑偏。如果 4 个结果中，有一个能够提供新的机会，你就应该制订一个计划来利用这些机会。无论是哪种方式，未来可能性分析法都将提供一张有用的路线图给你。

针对存在多种可能结果的高风险情况，军队会使用更详细、全面的方法。不是仅仅依靠一支红队，而是引入对所审查问题有深刻了解的外部专家；不是只看两个变量，而是分析许多不同的选择和最终状态。这种方法可能成本高昂，需要花费数天时间，但如果风险很高，投资就是值得的。可能需要进行这种详细分析的情况包括：新的竞争对手或颠覆性技术的出现，新法规的实施以及类似的可能从根本上改变你的商业环境的戏剧性变化。

方法四，事前检验分析法

并非所有的红队技术都需要如此多的时间和资源投入。事前检验分析法是由认知心理学家加里·克莱因开发的一个非常强大的工具。事前检验一般需要一个小时左右完成，但是你也可以用短短 15 分钟完成一次快速而随性的练习。事前检验分析法易于理解，易于使用，并在"事前"使你的公司免于灾祸。

你肯定已对"事后分析法"的概念非常熟悉：在计划失败后，召集一个团队来分析失败原因。事前检验分析法的工作方式是相同的，但它更有用，因为它在计划执行之前进行，所以还有时间来修复计划，避免失败。如果计划中存在弱点，或者一项战略可能会产生意想不到的后果，事前检验分析法就能够帮助红队发现它们。虽然这个方法听起来很像质疑委员会、风险分析、故障分析等你可能已经熟悉的技术，但事前检验分析法实际上是完全不同的。刚说的那些技术旨在评估计划失败的可能性，并将失败风险降低到可接受的水平，但事前检验分析法假设计划已经失败，关注于找出失败的原因。这点很重要，因为其他方法很少强迫人们真正去思考失败是什么样子的。

克莱因发现人们在制订计划时往往会过于自信，因此开发了这种技术。事前检验分析法是为了克服这种危险倾向而设计出来的：

> 自满情绪和安全感错觉被打破，至少是暂时的，取而代之的是主动搜索，来防止以后出现麻烦。你所能找出的问题的质量，代表着你的智慧高低。你可能会提前发现计划的概念、时间表、财务资源或团队构成等方面存在的问题。根据我们的经验，人们在这种练习中表现的坦率程度比在相对被动的自我批判中高得多。

事前检验分析法的工作方式如下。

第一步：让红队审查战略或计划。

第二步：想象灾难发生的情况。告诉团队展望未来，设想这个计划已经失败——不仅没有达到预期或目标，结果还糟糕到会对组织造成真正的损害。如果你是红队一项营销计划，就想象它不仅没有提高人们对品牌或产品的认知度，反而让他们反感。如果你正在考虑一项并购案，想象一下它不仅没有达到预期的协同效应，最终还摧毁了你的核心业务。如果你在分析一项潜在的投资，设想它不仅没有获得预期的回报，而且已经成为一个财务黑洞，正在迅速消耗你少得可怜的原有资产。

第三步：弄清楚这种情况是如何发生的，为什么会发生。让红队的每一位成员思考这个问题，并在记事卡上写下所有可能导致这场失败的原因。你花在这一步上的时间多少一定程度上取决于计划的复杂程度，也部分取决于团队说出自己真实想法的可能性。克莱因主张将这种思考和记录的时间限制在两三分钟之内。他认为，时间压力可以改善分析，因为在时间限制下工作的人不太可能自我审查。军方则建议给红队成员 20 到 30 分钟的时间来考虑这个计划，并思考它可能失败的不同方式。这有助于集中讨论，避免团队走得太远而得出离谱的结果，同时给够时间让红队详细阐述这些不同的失败路径。军队的方法使团队成员能够发挥创造性，进行详细的叙述，这往往能比简单概括揭示出更多东西。两种方法都有优点；哪种是你的红队的最佳选择将取决于红队成员的个性。如果他们不害怕表达担忧，就给他们更多的时间。如果他们不那么坦率，就把计时器设为两分钟。

第四步：让每个红队成员分享自己头脑中最先想到的原因，来巩固这个列表。所有人按照先后次序发言，确保按照红队的规则——任何人都不能在别人没发言前进行第二次发言。当所有人都说出自己的想法之后，再从头开始，进行第二轮分享。如果发现自己的想法已经有人说了，可以直接跳过或用自己的话重新阐释一遍。持续这样的过程，直到每个人都完整表达了所有的想法，或者话题开始变得荒谬。在利文沃斯堡，我们的经验是：当有人开始提到外星人或巨大陨石时，就可以停止了。

第五步：使用点投票或第 5 章中的另一种解放结构来确定 3 个最有可能导致计划失败的因素。然后所有人一起提出改变或改进计划的方法，以减少这些可能性。

第六步： 计划开始执行后，定期检查列表，以确保团队确定的所有情况都没有出现。

需要注意的是，事前检验分析法不是自寻死路，它是为了发现一个战略可能失败的方式，以确保失败不会发生。你也不应将其视为一种消极的做法。一个计划有缺陷并不意味着它就是一个糟糕的计划。事实上，这可能是所有方案中最好的。但和所有红队方法一样，事前检验分析法有助于优化计划。这一点很重要，因为在某些文化中，仅仅是讨论灾难的可能性就会让人感到不舒服。但是我发现，只要强调事前检验分析法的积极主动性目的，任何国家的任何组织都能对其进行有效的利用。我的客户已经发现这种技术很有启发性，并且他们中的许多人都利用在这种心理模拟中获得的见解，对其战略或计划进行了实质性调整。

克莱因也在向企业传授这种方法方面取得了巨大的成功。他在 2007 年《哈佛商业评论》的一篇文章中引用了几个例子：

在一家财富 50 强公司举行的一次会议上，一位高管表示，一项价值十亿美元的环境可持续发展项目"失败了"，因为 CEO 退休后，人们对此再也提不起兴趣。另一个例子中，在政府机构修改了相关政策后，一项商业计划的利润被摊薄而最终走向失败。

在一个关于为空中战役规划者提供最先进的计算机算法的项目会议上，一位在前面冗长的启动会议中一直保持沉默的团队成员主动表示，其中一种算法很难应用于该领域的某些笔记本电脑。因此，当用户需要得到快速的结果时，该软件却需要运行几个小时。他认为，除非团队能找到解决方法，否则这个项目是不切实际的。

结果发现，算法开发人员已经创建了一个强大的捷径，只是一直不愿意提及。他们的捷径被启用后，项目取得了非常大的成功。

在另一个组织针对一个研究项目的评估会议上，一位高管表示，该项目之所以会"失败"，是因为在即将对产品计划进行公司审查之前，没有足够的时间准备商业案例。在整个 90 分钟的项目启动会议中，甚至没有人提到任何时间限制。项目经理很快修改了计划，将公司的决策周期考虑在内。

事前检验分析法非常有价值，我认为它应该是任何红队练习的一部分。许多组织已经倡导将其作为任何项目规划流程的一部分，包括约翰·霍普金斯大学（Johns Hopkins University）的阿姆斯特朗患者安全与质量研究所。

当我们班上一位特种部队军士询问有效红队所需的最短时间时，凯文·本森上校建议："哪怕只有 15 分钟的时间，你也要进行一次快速事前检验分析。如果你接到的命令是保卫一个村庄，进去之前，你就应该集合你的人，严肃地问他们，'如果行动失败，问题可能出在哪儿？'仅仅这样做，可能就能避免你失败。"

方法五，对手行为预测法 [①]

这种方法可以追溯到军事红队的缘起。对手行为预测法（Being Your Own Worst Enemy，直译为"做你自己最大的敌人"），实质上是一种角色扮演练习，在这种练习中，红队扮演竞争对手或其他敌人，试图弄清楚他

---

① 美军简单地称这种方法为"威胁模拟"或"传统红队"。

们会对你的组织提出的战略或计划如何反应。关键是要深入对手的头脑，所以如果你的员工为你的对手工作过，或者对对方的想法和行为有其他直接的第一手了解，要达到这一练习的目的，就应该让这些员工成为红队的一员。

在对手行为预测法中，红队队长扮演的是推动者，而不是参与者。一旦团队成员到位并了解了流程，就可以开始向他们提供公司战略的信息，然后让成员们努力模仿你的竞争对手，看看在现实世界中你的计划开始实施后，你的对手会通过什么方式来了解这个计划。如果计划有多个阶段，则只能让红队首先知道第一个阶段。如果你的战略涉及假象或误导，那么要做到面无表情，不给暗示。在任何情况下，你都不应该给红队一份计划副本，并问成员们你的对手会如何反应。这个练习的重点是强迫红队对对手可能掌握的同样有限的信息做出反应。要求红队思考你的竞争对手会如何看待这些信息并做出相应的反应：你的对手可以采取什么步骤来反击你的行动？对方可能有什么计划？出现新的情况时，他们又会如何改变？例如，如果你的公司正计划推出新的跑鞋系列，那么你的竞争对手可能会降低自己产品的价格，或者推出自己的新产品线。重要的是要记住，你的组织的行动不是在真空中进行的；但规划者们往往意识不到这一点。

让这个练习尽可能逼真和现实。进行这种分析时，美国中央情报局的"红细胞"和以色列的"魔鬼辩护人"办公室都让他们的分析人员扮演敌人的角色。他们可能以叙利亚总统公报的形式向其总参谋部提交报告，或写成恐怖分子领导人个人日志的条目。尽可能让你的红队也这样做。让团队成员扮演对方的角色来撰写报告，使用敌人的术语、标识和字体，入戏越深越好。

对手行为预测法的目的，不是要探索你的对手可能采取的所有行动方案，而是根据红队对对手过去的行为和当前偏好的客观分析，来探讨他们最有可能采取的行动。红队队长或指定的抄写员应该仔细记录场景如何展开，并将其纳入最后报告。这将有助于领导者和规划人员更好地评估风险和机会。

一些公司会在提交给潜在客户重大投标之前，采用这种方法进行红队。把提案交给红队，让他们想象自己就是那个客户，然后让他们思考为什么要拒绝你的提案。鼓励他们无情地拒绝，但也让他们尽可能具体说明拒绝的理由。接着让你的销售团队重写提案，解决红队提出的问题。我知道有几家公司在竞标政府项目时已经这样做了，他们告诉我，这大大提高了他们的胜率。

有些公司已经将这种做法纳入日常运作。与我合作的一家大公司为每个地区和每个主要竞争对手创建了"战略室"。工作人员由资深战略家组成，他们尽全力"化身为"那个地区的人或竞争对手，他们用他们能找到的所有信息和情报把房间的墙壁贴满。在每个月的董事会会议期间，公司董事们都会访问其中一个房间，花费几个小时将他们的计划与竞争对手进行比较，寻找弱点和机遇。

我在第 4 章中提到的那家保险公司对对手行为预测法的运用甚至更加深入。

"我们的首席财务官（CFO）告诉我们，'你的工作是尽快地让公司破产。准备好了，就开始吧！'我们实际上找到了两种让自己破产的方法——我们的一个竞争对手实际上已经开始采取其中一种战略了，"该公司的红队领导说，他出于竞争的原因要求匿名，"这就是我们公司一直如此成功的原因。这也很有趣。我们的高管必须习惯的一件事就是我们红队得非常开心！"

方法六，SWOT分析法

这项技术来自商业领域，许多商学院都会教，所以你可能已经很熟悉了。SWOT分析法旨在识别和评估计划的优势、劣势、机会和威胁；SWOT分析法在规划过程的早期进行最有价值。这使得红队可以与规划人员分享其发现，同时还有时间将这些信息纳入他们的演算之中。你还可以对一个团队、一个业务部门甚至整个公司进行SWOT分析。

第一步：和四视角审视法一样，SWOT分析法首先要绘制一个四象限图（如图7-4所示）。

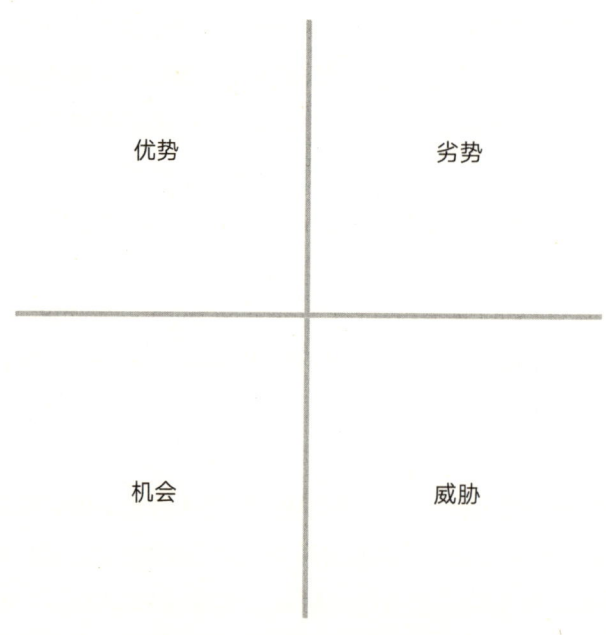

图7-4 SWOT分析四象限图

第二步：从左上角开始，列出所分析的战略或团队的所有优势。它想要什么？它成功的基础是什么？是什么使这个计划优于其他选择，或者是什么给公司带来比竞争对手更大的优势？

第三步：移动到右上角，列出所有的优势。你为什么担心这个计划？组织的缺点或盲点是什么？与其他选择或其他竞争对手相比，该战略或团队有哪些劣势？

第四步：移动到左下角，列出所有的机会。如果计划成功，会有什么收获？哪些东西可以为团队所用？还能做些什么来确保成功或未来的增长？

第五步：移动到右下角，列出对战略或组织的所有威胁。什么可能导致它失败？是什么力量在对抗它？谁在试图阻止它？计划会在哪里失败？公司的发展在什么情况下可能脱轨？在竞争环境或市场中存在哪些危险？

第六步：红队完成图表后，研究结果并与组织的规划人员分享。

如果你要红队的情况涉及多个行为者，那么为每个行为者做一个 SWOT 分析图表，从这些群体每个不同的角度来评估形势，将会有所帮助。图 7-5 针对"我们应该收购最大的竞争对手 X 公司"这一提议展开 SWOT 分析。

SWOT 分析法尽管不像其他一些红队工具那么强大，但它非常适合作为红队练习的起点——尤其是当红队正在努力寻找解决问题的最佳方法时。但是当你需要找到答案时，没有比 5WHY 分析法（Five Whys）更好的工具了。

优势	劣势
◎ 我们的市场份额将翻倍 ◎ 我们将成为市场的主导者 ◎ 我们将享受更大的规模经济 ◎ 我们将能够提供更具竞争力的价格	◎ 我们的债务将大幅增加 ◎ 我们最终会有太多员工 ◎ 我们将不得不推迟扩展到新业务领域的计划
机会	威胁
◎ 我们可以主宰市场 ◎ 我们可以获得重要的新客户 ◎ 我们的利润可能增加	◎ 我们可能遭遇文化冲突 ◎ 我们必须整合两个不同的管理团队 ◎ 一些用户可能趁此去尝试其他产品

图 7-5 SWOT 分析图表示例

方法七，丰田 5WHY 分析法

这种强大的问题解决技术实际上是由丰田公司开发的，并且经常被用作六西格玛过程的一部分。但这个分析法用于红队的方式与你可能熟悉的有些不同。红队没有使用这种技术来解决质量或生产问题，而是用来解决战略核心问题。

丰田创始人丰田佐吉（Sakichi Toyoda）首先提出了这种看似简单的方

法。后来由传奇人物、管理大师大野耐一（Taiichi Ohno）在 20 世纪 50 年代集大成，他曾将这种技术打造成丰田生产系统的一部分。任何有小孩的人都应该熟悉这项技术：遇到问题时，问 5 次"为什么？"来找出其真正的原因。大野先生常常用下面的例子来解释 5WHY 分析法（来源：丰田汽车公司）。

① 为什么机器人停下来了？

　　因为电路过载，导致保险丝熔断。

② 为什么电路过载？

　　因为轴承上的润滑度不足，因此锁定了。

③ 为什么轴承润滑度不足？

　　因为机器人上的油泵没有循环足够的油。

④ 为什么泵不能循环足够的油？

　　因为泵的入口被金属屑堵塞了。

⑤ 为什么金属屑堵塞了入口？

　　因为泵上没有过滤器。

　　大野先生曾经说过："任何问题的根源都是得到永久解决方案的关键。"在他的例子中，简单地给机器人加油可能使其恢复正常运行，但这不能解决根本问题。清洁泵的入口在短期内会有所帮助，但一旦再次堵塞，问题就会卷土重来。第五个问题揭示了真正的解决方案：在泵上加一个滤油器以防止将来再堵塞。

　　除丰田以外，许多公司都使用 5WHY 分析法，包括亚马逊。据报道，亚马逊 CEO 杰夫·贝佐斯就是这一方法的超级拥趸，亚马逊前雇员皮特·阿比拉（Pete Abilla）在 2004 年亲眼看见这一点。当时贝佐斯在参观公司一个庞大的配送中心时得知，一名员工的手指受了重伤。

在会议期间得知这个消息时，贝佐斯非常不安，情绪激动——开始是生气，然后为这位同事和他的家人感到非常难过。然后，贝佐斯做了一件了不起的事，他站起身来，走到白板前，开始问"为什么"（我凭记忆引用了下面的内容）：

① 为什么这位员工会弄伤他的拇指？
   因为他的拇指被传送带夹住了。

② 他的拇指为什么被传送带夹住？
   因为他当时正在追他的包裹，包裹在运行的传送带上。

③ 他为什么追他的包裹？
   因为他把包裹放在传送带上时，传送带突然开始运行了。

④ 为什么他把包裹放在传送带上？
   因为他把传送带用作桌子。

所以，这位员工拇指受伤的根本原因是，他只是需要一张桌子，周围没有一张桌子，所以他用传送带当桌子。为了消除未来的安全隐患，我们需要在合适的位置提供桌子，或者提供便携式桌子供员工使用。

这些例子显示了5WHY分析法在解决工厂车间问题方面的有效性。同样的方法也可以用来解决红队经常会接到的棘手的战略问题。结果可能出乎你的意料。

我合作过的一家公司试图弄清楚为什么它一直达不到针对财富500强公司的销售目标。增加与这些大公司的业务是该公司增长战略的一个关键因素，但它一直没有达到目标，针对中小企业的销售目标倒是没有任何问题。在我参与合作之前，该公司的担心在于觉得可能是公司的核心产品中存在一些大公司认为没有吸引力的东西，而高管们正在努力弄清楚那到底是什么。但是通过使用 5WHY 分析法，我们发现问题的根源在别处。

我们的分析是这样展开的。

① 为什么我们的销售人员无法向财富 500 强公司进行销售？
　　因为他们面对这些大公司销售还不够熟练。

② 为什么他们不够熟练？
　　因为他们没有受过适当的培训。

③ 为什么他们没有接受适当的培训？
　　因为我们的加盟商不愿意为此花钱。

④ 为什么我们的加盟商不愿意为此花钱？
　　因为他们资金不足。

⑤ 他们为什么资金不足？
　　因为我们的特许经营协议不允许他们保留足够的收入。

你可以看到，最初关于销售的问题最终暴露了该公司特许经营模式的一个严重问题。由于这一发现，我的客户修改了特许经营协议，允许加盟商保留更多的收入，只要他们将这笔资金投资在员工培训上。结果是加盟商和公司实现了双赢。

5WHY 分析法和本章描述的其他想象力方法，不仅能有力地洞察你的企业问题的真实本质，而且还能为你企业的未来提供强有力的见解。这些工具可以帮助你更好地了解客户、竞争对手和其他重要的利益相关者，它们可以帮助你避免那些让百视达付出巨大代价的错误。

　　然而，如果想要真正测试你的战略，并将你的计划推向极限，那么你需要愿意把它们"剥开揉碎"。可以使用我在下一章中描述的逆向分析法来做到这一点。

◎ 任何问题的根源都是得到永久解决方案的关键。

◎ 我们往往习惯于从手头的事物开始思考和解决问题，但从眼前而非一个更大的世界着眼，可能会让我们错过重要的机会。

◎ 哪怕只有 15 分钟的时间，你也要进行一次快速事前检验分析。集合你的人，严肃地问他们："如果行动失败，问题可能出在哪儿？"仅仅这样做，可能就能避免面对重大的失败。

◎ 让红队扮演你的竞争对手或敌人，深入对手的头脑，试图弄清楚他们会对你的组织战略或计划做何反应：你的对手可以采取什么方式来反击你的行动？

◎ 批判性思考与想象力技术相结合，可以帮助你躲过会让企业破产的灭顶之灾。

RED
TEAMING

第 8 章

挑战无懈可击，
三大逆向分析法

测一测你对红队策略了解多少

1. 假如你听闻竞争对手即将推出一条重要的新产品线，但不确定它将会以什么样的产品形态打入市场或何时打入市场，你可以选择哪种方法来制定有效的防范措施？

   A. 魔鬼的辩护
   B. 内部分组辩论分析法
   C. SWOT 分析法
   D. 灾难性事件假设分析法

2. 当你需要在两种选择之间做决定时，可以借助内部分组辩论分析法，下列哪一种关于这种方法的说法是真实的？

   A. 需要很少的时间和人员投入
   B. 特别有助于解决组织内长期存在的分歧
   C. 在 21 世纪才开始投入使用
   D. 过程较为复杂

3. 当你的组织内部已经对一项提案全票通过时，灾难可能正潜在水下，这时应采用哪种方法来揭露主流观点的缺陷？

   A. 由外及内思考法
   B. 四视角审视法
   C. 魔鬼的辩护
   D. 灾难性事件假设分析法

4. 许多伟大的商界领袖都有魔鬼辩护人的天赋。下列哪种做法不符合"魔鬼的辩护"？

   A. 投资者会试图"毙掉"创业者的提案
   B. 经常采用与他人相反的立场，强迫他人为自己辩护
   C. 抓大放小，只要大方向正确就可以推进战略提案
   D. 专门设置团队在已完成工作中"鸡蛋里挑石头"

冲突是思想的牛虻。它激发我们观察和记忆。
它煽动发明。它让我们摆脱绵羊般的被动，让我们
专注和创造。

—— 约翰·杜威（John Dewey）

2007 年春，美国房地产市场陷入困境。无数美
国人抵押贷款违约。大部分是次级贷款，如果是 10
年前，这些贷款根本不会获得批准。但房地产市场火
热，房价持续上涨，所以贷款门槛不断下降。而当泡
沫破裂时，从事这些问题贷款服务的金融公司终于自
食恶果。

直到那年 3 月时，雷曼兄弟还一直是华尔街的宠
儿。《财富》杂志将雷曼评为证券行业最受尊敬的公

司——排名高于高盛、摩根士丹利和美林证券。2 月份，该公司的股票创下了每股 86.18 美元的历史新高，市值接近 600 亿美元。但在 3 月 13 日，该公司计划公布第一季度收益的前一天，股东们开始恐慌，雷曼的股票出现了 5 年来最大的单日跌幅。这是有事要发生的信号，但它却被忽视了。第二天，在公布了好于预期的业绩之后，雷曼的 CFO 克里斯·奥米拉（Chris O'Meara）告诉分析师，人们对雷曼在越来越不稳定的次级抵押贷款市场中暴露的风险过于担忧了。他承诺，雷曼兄弟一直在仔细监控局势，并补充说，那些不断攀升的违约债务所带来的风险"得到了很好的控制"。

"次级抵押贷款业务本身不会在经济中造成重大事件，"奥米拉在与华尔街精英们的电话会议上自信地宣布，"其他信贷业务质量都非常好。"

不仅如此，他还说雷曼实际上在越来越多的次级贷款违约中看到了真实的上升潜力。

"我们期望看到来自市场混乱的各种机会。"奥米拉说得很诱人。

电话结束时，雷曼的股票正在反弹。当瑞银分析师格伦·舒尔（Glenn Schorr）对奥米拉抚慰人心的分析表示宽慰时，他代表他的大多数同行说："我们都稍微松了一口气。"

因此，雷曼兄弟继续走向悬崖，全球经济紧随其后。

如果有红队的帮助，雷曼的结局可能会有所不同。有些公司虽然获得真实数据的途径比雷曼少，却依然能够及时辨别风险，提前做出反应。其中一个就是福特汽车。在奥米拉对投资者的担忧表示不屑一顾的一个月前，福特汽车的首席经济学家进行了自己的分析，并得出结论认为，次级抵押贷款行业日益严重的问题"有可能……给整个经济带来系统性风险"。因此，福特汽车采取措施稳固其资产负债表，成为唯一一家经受住后来那场风暴的美国汽车制造商——至少没有到破产要拿美国纳税人的钱拯救的地步。但雷曼的领导者似乎不愿意承认这种可能性。一种叫作灾难性事件假设分析法[①]的红队技术，其实可以帮助他们做到这一点。

方法一，灾难性事件假设分析法

顾名思义，这种方法旨在探索发生概率较低，但一旦发生就会产生重大影响的情况。除了顽固的悲观主义者之外，没有人愿意去想那些会破坏他们完美计划的事件，因此，大多数规划者很快就会指出这些事件是多么不可能然后改变话题。但是如果他们错了呢，就像奥米拉对雷曼次级抵押贷款业务的判断那样。灾难性事件假设分析法旨在消除这些不情愿，并迫使组织严肃思考如果这类改变游戏的事件真的发生，将会有什么样的后果。事前检验分析法研究灾难可能发生的方式，而灾难性事件假设分析法研究的是灾难发生的后果。有了这些知识，公司就可以——也应该——创建应急措施来应对这些可能性，或者甚至修改计划，来减少灾难发生的可能性。你也可以使用这种技术来查看潜在的积极事态发展，尽管不太可能，但如果确实发生，对你的公司来说将是一件好事。这样，你将可以更好地利用这些机会。

灾难性事件假设分析法的工作原理如下。

---

① 我所说的灾难性事件假设分析法（What-if Analysis，直译为"如果－怎样分析法"），实际上是美国陆军教授的 3 种不同技术的结合：如果－怎样分析法、高影响低概率分析法（High-Impact Low-Probability Analysis）和变化路标法（Signposts of Change）。

第一步：首先让红队想象一个会对正在审查的计划或战略产生重大影响的事件。尽可能详细地描述此事件非常重要。例如，如果你是一家投资银行，对次级抵押贷款投入很大，那么你描述的场景可能是，美国房地产市场崩溃，导致几家主要金融机构倒闭，进而引发整个全球经济海啸。

第二步：考虑这一事件将会对你的组织、你的竞争对手、关键利益相关者以及整个商业环境产生的所有影响，为每一个对象列一个完整的清单。

第三步：找出一种或多种这一事件的发生路径。尽可能详细地描述每一种场景，注意找出重要的转折点或其他可观察到的信号，这些信号意味着事态发生了变化。将这些不同的路径绘制到白板或草稿纸上，演示事情发展的前因后果，以及这些事件将如何影响你的组织。

第四步：考虑可能会将事件推往一个方向或改变势头的潜在触发因素。什么会导致方向突然改变？什么可能导致朝某一最终状态的进展加速或减速？在地图上注明这些。

第五步：完成以上步骤后，观察你的地图，确认所有变化的路标。把它们列在一张清单上，这样你就可以在实际情况发生时对这些重要的节点加以留意。

第六步：制定一份清单，列出有利于产生积极结果的因素，或至少是避免产生消极结果的因素。同时，注意组织可能采取的任何会影响到这些事件的行动。

如果你的组织决策是基于有限信息或无法证明的假设，灾难性事件假设分析法就变得特别有价值。例如，如果你的主要竞争对手上任了一位新

CEO，这位 CEO 迅速解雇了整个高管团队并宣布进行重大重组，那么这几乎肯定会对你的公司产生重大影响，但目前还不清楚这些影响可能是什么。灾难性事件假设分析法能帮你解决这个问题。同样，你可能收到报告称，你的竞争对手即将推出一条重要的新产品线，但不确定它将会以什么样的产品形态打入市场或何时打入市场。这种情况下，灾难性事件假设分析法仍然可以帮助你的公司做好准备。这一方法的目的是防止你被事件蒙蔽，并让你的组织针对不确定的未来制定有效的防范措施。在当今瞬息万变的世界中，未来往往是不确定的，前进的道路也不明朗。

方法二，内部分组辩论分析法

帮助你的公司找到最佳前进之路的方法之一，是使用一种我称之为内部分组辩论分析法（Us Vs. Them Analysis）[①]的技术。这种方法旨在帮助组织评估两种不同的、相互竞争的行动方案。至少从 20 世纪 60 年代初起，美国军方就在使用这种技术了，事实证明，它是要在两种选择之间做出决定时的有效工具。内部分组辩论分析法需要大量的时间和人员投入，因此最好用于那些对公司方向产生重大影响的有争议的决策。也就是说，它特别有助于解决组织内长期存在的分歧。例如，如果你的部分高管想要积极地扩张到南美市场，而另一派认为这些钱花在北美工厂的现代化上可能会更好，你就可以使用内部分组辩论分析法来充分探讨这两项建议，并确定哪一项最有可能帮助你的公司实现其长期目标。

虽然费时，但内部分组辩论分析法的过程非常简单、直接。将两个竞争性提案分配给不同的小组，然后让每个小组为他们的方案给出最好的、最有

---

① 此技术有时被称为蓝队 / 红队分析法（Blue Team/Red Team Analysis）。

说服力的理由。如果你有两个以上的竞争性提案，可以创建更多小组来代表每个方案——只要有足够的人。给每个小组一定的时间进行研究，并鼓励他们尽量用不同来源的客观证据支持他们的观点。截止日期一到，每个小组都会向高层领导团队提交研究成果，由高层领导团队担任评委并在这些成果之间做出决定。哪个团队提出了最令人信服的观点，有更好的证据支持，就选用哪个团队的提案。

如果你的红队有足够的成员，它可以进行一场内部分组辩论分析。只需把团队分成两个或两个以上的小组。但是，你也可以在此过程中纳入组织的常规规划人员。这样做时，确保每个小组都同时拥有红队成员和常规员工。如果公司高管层中有人支持其中一种方案，请将他们分配给持对立观点的团队。这样做不仅会迫使他们批判性地思考自己的立场，还能确保小组能够针对自身进行红队。

虽然内部分组辩论分析的结果不可能让所有人满意，但至少能让失败一方的人觉得他们的观点得到了充分考虑。如果你的组织正在努力解决一个分歧很大的问题，那么仅这一点就可以让这种分析成为值得去做的事情。

方法三，魔鬼的辩护

即使你公司里的每个人都同意一种行动方案，对其提出质疑仍然有意义。在这一点上，没有比"魔鬼的辩护"更好的方法了。它可能是红队武器库中最古老的武器，但也是最强大的武器之一。

魔鬼辩护可以追溯到文艺复兴时期，当时罗马天主教会开始担心，封圣的过程已经变得有些随意。在 16 世纪初期，随着标准日益严苛，教皇利奥十世（Pope Leo X）决定，是时候让教会来质疑一下封圣的问题了。他呼吁建立一个新的职能办公室，也就是"信仰振兴官"办公室，赋予其挑战所有圣职提名的任务，"为了祭坛的荣誉，防止对候选人所创造出的奇迹或展现出的美德做出任何轻率的决定"。这个办公室的负责人很快就成了圣礼部中最有权势的官员之一，他还有了一个不太正式的新官名，即"魔鬼辩护人"。魔鬼辩护人的职责是充当精神检察官的角色：

> 所有关于授福和封圣过程的文件都必须提交给他进行审查，他对美德和奇迹所提出的难点和疑点都会摆在会众面前，而且必须得到圆满的回答才能进行到下一步。他有责任对所谓的奇迹提出自然的解释，甚至为那些被认为是英勇的行为提出人性和自私的动机。

魔鬼辩护人出现以后，被创造出的新圣徒数量急剧下降，因为魔鬼辩护人对所谓的奇迹进行了理性的解释，而那些所谓的美行只不过是厚颜无耻的自我推销罢了。

正如我在第 1 章中所描述的那样，以色列人在 1973 年斋月战争后借用魔鬼辩护作为工具，来对军事情报的真实性进行审核。美国中央情报局和后来的美国陆军也是如此。

红队中的魔鬼辩护人发挥作用的方式，与其在天主教会中的大同小异。然而，红队的工作不在于核实圣徒实际上是否是罪人，而是抱持一种对组织战略至关重要的信念或主张，证明最不可能发生的事情也会发生。如果你的公司认为新跑鞋销售不好是因为人们跑步跑得更少了，红队则应该努力证明跑步这项运动仍然像以往一样受欢迎。如果你的公司正在制订收购 XYZ 公司的计划，那么红队就应该努力证明收购 XYZ 公司将是一场彻头彻尾的灾难。如果你的公司认为次贷市场的崩溃不会引起恐慌，那么红队则应该努力证明这有多么危险。红队不一定是正确的，就像高中辩论队一样，它不必相信它所采取的立场。事实上，你的组织已经达成的结论可能是正确的。但是，通过进行严谨的魔鬼辩护分析，你会进一步确认结论是否真的是这样。如果主流观点存在缺陷，魔鬼辩护就会揭露它们。这是一种暴露推理错误、发现被忽视或被误解的重要信息、找出初步分析中存在的缺失的最有效方法。

魔鬼辩护是一个简单的过程，时间可长可短。首先让红队审查组织员工用于得出结论或证明假设所使用的所有信息。然后，尝试使用相同的数据来构建一个与原来的解释相矛盾的论点。同时，红队也应该通过自己的方式，努力找出支持其逆向论证的新证据。请记住，红队的任务不一定是找到正确的答案，而仅仅是证明当前解决方案是错误的。一旦红队完成分析，就应该向高层领导们展示其发现，特别注意突出被原来的规划者低估或忽视的证据，以及原始分析所依据的所有弱势假设。

世界上最具创新性和颠覆性的公司，往往也是那些不断质疑自己所做的一切的公司。亚马逊在其 DNA 中嵌入了这种逆向思维。从一开始，杰夫·贝佐斯就要求他的高管们挑战自己，以及公司所做的或计划做的几乎所有事情。对于亚马逊的高管来说，只需注意一点：确保有足够的数据来支持质疑。

一些最具批判性的思考来自亚马逊秘密的内部标杆团队，该团队负责研究公司不同业务部门，并将其绩效与内外部竞争对手进行比较。这些敏感的报告往往包含尖锐的批评意见和艰难的建议，因此，标杆团队在向高级管理层提交报告之前，会不遗余力地确保他们已经考虑了所有可能的反对意见。

"我们让某些人扮演魔鬼辩护人的角色，"团队的一位领导告诉我，"他们负责问所有真正难以回答的问题。他们的工作就是在我们完成的工作中挑毛病。"

标杆团队成员欢迎这种批评，因为这可以帮助他们在把最终报告提交给业务部门负责人和其他高管时，很好地抵挡枪林弹雨般的提问。

"我们首先在内部打败它。如果数据存在漏洞，魔鬼辩护人就会指出，'为什么你们没能拿到数据？'他们会预测企业领导者可能会问的所有问题，并通过不断地反复检查来做到这一点，"亚马逊高管解释说，"这真的很有帮助。有时，关于企业正在做的或一些现实情况，我们也会有盲点。让魔鬼辩护人先审查报告，有助于我们确保自己已尽了全力来获得支持我们建议所需要的所有数据，确保没有遗漏任何东西，并且真正触及了问题的核心。"

许多伟大的商界领袖都有魔鬼辩护人的天赋。杰夫·戴尔（Jeffrey Dyer）、赫尔·葛瑞格森（Hal Gregersen）和克莱顿·克里斯坦森（Clayton Christensen）3 位教授用为期 6 年的研究发现了这一点，揭示出颠覆性商业战略的起源。

"创新型企业家喜欢扮演魔鬼辩护人的角色。"3 位教授在 2009 年《哈佛商业评论》的一篇文章中分享他们的研究成果时这样写道，并提供了几个例子来支持这一结论：

> 创新者不断地提出挑战常识的问题，或者，正如塔塔集团（Tata Group）主席拉丹·塔塔（Ratan Tata）所说，"质疑毫无疑问的事情"。eBay 前 CEO 梅格·惠特曼（Meg Whitman）曾与很多创新企业家共事过，包括 eBay、PayPal 和 Skype 的创始人。"他们都很擅长打破现状，"惠特曼告诉我们，"他们无法忍受现状，会花大量时间思考如何改变世界。头脑风暴时，他们喜欢问：'如果我们这样做会发生什么？'"
>
> 我们采访的大多数创新型企业家都记得当他们出现创业灵感

时，所提出的一些具体问题。例如，迈克尔·戴尔（Michael Dell）告诉我们，他创建戴尔电脑的想法源于他问了这样一个问题：为什么一台计算机的价格是其部件价格之和的 5 倍。"我把电脑拆开……观察到价值 600 美元的一堆部件却在以 3 000 美元的价格售出。"仔细研究这个问题，让他得到了一种革命性的商业模式……

"我的学习过程一直是不同意别人对我说的话，我会采取相反的立场，强迫别人为他们自己辩护，"eBay 创始人皮埃尔·奥米迪亚（Pierre Omidyar）告诉我们，"我记得当我这么做的时候，其他人非常沮丧。"但要求自己或其他人去想象一个完全不同的选择，可以产生真正独到的见解。

创新者不是唯一依靠逆向思维的人。投资人通常也是。当我向我的朋友、凯鹏华盈前招聘合伙人诺伯特·戈滕伯格（Norbert Gottenberg）描述魔鬼辩护和灾难性事件假设分析法时，他说这些技术听起来很像硅谷那些传奇的风险投资公司用来审查投资目标的方法。

"我们过去经常对创业者进行拷问。我们会用这样的问题轰炸他们：风险是什么？商业成功后是什么样子的？在持续获得资金方面，你真正需要的是什么？还有哪些其他技术可以与你竞争？谁会搭你的便车？"戈滕伯格解释道，"合伙人们会仔细观察创业者的所有假设，努力从鸡蛋里挑出骨头来。审查制度的目的是找出所有竞争威胁和所有阻碍成功的因素。合伙人们会说，'这就是会把一切搞砸的原因。'他们会试图'毙掉'那个创业者，因为如果把钱花在一家不那么重要的公司上，就没有机会投资真正的好项目了。"

整个过程可能需要几个小时，有时是几天。能够经得起这种拷问并成功地回答合伙人所有问题的创业者们，往往会带着数千万美元的支票离开，包括谷歌、优步、Twitter 和亚马逊。那些无法通过凯鹏华盈的显微镜审查的，会被告知去隔壁沙山路上的风投公司试试运气。

沃恩·纳尔逊公司的斯科特·韦伯和他的同事们也利用魔鬼辩护来评估他们的投资策略。

"我们不会像大多数公司那样，只关心自己如何从这笔投资中赚钱，而是问自己我们怎么做才能赔钱，"韦伯告诉我，"你会对交易抱有怀疑，而且是很难克服的偏见。我们使用魔鬼辩护做到这一点。"

想象一下，如果雷曼兄弟早在 2007 年就将这种逆向分析法应用于它的次级抵押贷款策略，结果会怎样？想象一下，在今天这种技术又能为你的企业做些什么？

◎ 如果想要真正测试你的战略，并将你的计划推向极限，那么你需要把它们"剥开揉碎"，逆向分析法可以帮你做到这一点。

◎ 除了顽固的悲观主义者之外，没有人愿意去想那些会破坏完美计划的事件，这种事件发生概率较低，但一旦发生就会产生重大影响。灾难性事件假设分析法可以让你的公司做好准备，防止你被事件蒙蔽，并让你的组织针对不确定的未来制定有效的防范措施。

◎ 帮助你的公司找到最佳前进之路的方法之一，是使用一种我称之为内部分组辩论分析法的技术，旨在帮助组织评估两种有争议的、对公司方向有重大影响的决策，解决组织内长期存在的分歧。

◎ 即使你公司里的每个人都同意一种行动方案，对其提出质疑仍然有意义。在这一点上，没有比"魔鬼的辩护"更好的方法了。它可能是红队武器库中最古老的武器，但也是最强大的武器之一。

RED
TEAMING

第 9 章

融会贯通，
将红队应用于实践

测一测你对红队策略了解多少

1. 要想获取有效的红队成果，需要把握九大要点，其中不包括:

   A. 有效沟通

   B. 提供简单概括的行动方案

   C. 考虑到现实情况的局限性

   D. 以具体指标量化红队成果

2. 有效沟通让红队价值最大化，下列哪一项不是红队有效沟通的正确做法？

   A. 敢于让高层管理者听取自己的发言

   B. 有效沟通始于听，而不是说

   C. 给出可行的建议来解决计划的弱点和缺陷

   D. 在正式的会议上报告自己的发现

3. 红队应该是批判性的和逆向的，但不一定是正确的。领导者应该如何对待红队成果？

   A. 因为红队发现了问题就全盘推翻一个计划或战略

   B. 一旦红队完成质疑与检验过程，就可以退出项目

   C. 认真对待，但绝不把它当圣旨

   D. 请红队队员替代公司常规规划人员的工作

4. 聪明地使用红队策略可以帮助管理者发现机遇，避免危机，现在哪一项是好的商业行为？

   A. 麦当劳推出"成年人爱吃的汉堡"

   B. 可口可乐改变饮料配方以对抗百事可乐的竞争

   C. 在经济萧条时期，福特逆势提高研发投资，抢占市场

   D. 惠普收购掌上电脑 Palm

没有人能真正掌控未来。我们所能做到最好的就是评估机会，计算所涉及的风险，衡量我们处理这些风险的能力，然后充满信心地制订计划。

——亨利·福特二世（Henry Ford Ⅱ）

红队没有所谓的"正确的打开方式"。红队使用的各种技术及其使用顺序，都将取决于问题本身的性质、可支配的时间、组织在其规划过程中的位置以及可用于进行红队的资源。

使用竞争假设分析法去分析一桩潜在的并购案是没必要的。使用珠链分析法让企业在下午 5 点之前就一笔交易做出决策也毫无意义，因为时间根本不够。想搞明白为什么欧洲市场的销售目标一直无法达到，就算是红队中的魔鬼辩护人也无计可施。如果你的红队只有 3 名成员，且无法引入其他员工，那么需要更多人参与的内部分组辩论分析法也很难有用武之地。

这就是我说红队既是一门科学也是一门艺术的原因。

说红队是一门艺术，是因为在很大程度上，你需要知道使用哪些工具以及何时使用它们。把红队工具包想象成一个高尔夫球袋，里面装着 1 号杆、木杆、铁杆、挖起杆和推杆。每个高尔夫球手都会带足球杆，大多数人是带齐全套装备。仅仅知道如何使用这些球杆还不够，一个好的高尔夫球手还必须知道何时何地使用它们。在短 3 杆洞比赛中，娴熟的球手可能只需用到两根球杆——7 号铁杆和推杆。在长 5 杆洞比赛中，好的球手则可能会使用 1 号杆、球道木杆、一根铁杆、一根挖起杆和一根推杆。

红队的艺术性也在于你要知道什么时候停止。

正如我前面所说的，需要采取行动时，绝不要让红队妨碍行动。但不需要立即做出决定，也并不意味着红队可以无休止地发难和触发问题。红队队员必须警惕这种诱惑，做到适可而止。但怎么才能知道什么时候你该叫停红队呢？通常情况下，会有一个外在的时间限制。到时就必须做出决定，当机立断。在没有这样一个强制终止线的情况下，红队也应该为自己设定一个截止日期。有了最后期限，红队就能集中注意力，并保持分析工作和分析人员不会迷失在文字游戏中。

英国国防部在其《红队指南》中说："红队最好迭代进行。它应该贯穿于整个项目，及时提供红队成果以便为关键决策提供信息。交给红队的任务很可能涉及复杂的问题，红队重点关注关键问题也很重要。红队应该追求的是思考的质量而不是数量。"

那么，真正的红队练习是什么样的？让我们来看看在一些实际的业务中，红队是如何帮助解决问题的。

无人问津的麦当劳招牌汉堡

在 20 世纪 90 年代，美国消费者的健康意识越来越强，对食物的品位要求也越来越精致。这对麦当劳来说是个坏消息，麦当劳数十年来一直以高热量、高脂肪、高糖的产品为主，在快餐业中占据主导地位。食糖成瘾的孩子们仍然喜欢他们的欢乐套餐，但随着成年人把目光转向别处，麦当劳的销售量开始下滑。在这种情况下，1996 年，麦当劳推出了"自巨无霸以来最大规模的新品发布"——招牌汉堡。

麦当劳穿白制服的"首席主厨"一开始在电视广告中描述到，用料包含了石磨芥末酱、胡椒培根和土豆卷的招牌汉堡，吃起来会有"交响乐的味道"。麦当劳称之为"成年人爱吃的汉堡"，顾名思义，它要吸引的是那些成年顾客。为了证明这一点，麦当劳还播出了其他广告，广告里的孩子扮着鬼脸，对这款新三明治食品不屑一顾。

"我们发现了一个之前被忽略的市场，"一家麦当劳的店长对《华尔街日报》说，"战略上，我认为我们正朝着正确的方向前进。"

但事实却是，麦当劳正在制造一场快餐史上最大的产品灾难。招牌汉堡不仅未能吸引到公司所追求的口味要求更精致的成人消费者，还使麦当劳浪费了 3 亿美元的开发和营销成本。随着招牌汉堡被悄悄地从菜单上撤下，麦当劳的同店销售额连同该公司的股票一起，持续下跌。同年 9 月 4 日刊登在《华尔街日报》上的一则新闻标题写道："冷掉的麦当劳新汉堡，凉了的股价。"

"问题是，没有人会去要求麦当劳提供精致的食物，顾客想要的仅仅是方便。这种便利性部分来自简单的菜单。"市场营销专家马特·海格（Matt Haig）在他的《品牌的败局》（*Brand Failures*）一书中写道，"大多数走进麦当劳餐厅的人在到达柜台前就知道要点什么了。他们可不想被一百万种汉堡弄得晕头转向。"

那么，如果当时有红队，它会如何帮助麦当劳避免这场巨大的品牌灾难呢？

假想你在 1995 年领导红队，对招牌汉堡的最初创意和产品策略进行分析，你可能会先使用四视角审视法，来更好地了解不同消费群体如何看待麦当劳公司及其产品。你可能就会发现麦当劳与目标消费者之间的沟通已经存在非常大的鸿沟。接着，你会使用关键假设检查法来揭示，招牌汉堡的成功将取决于麦当劳解决这种沟通鸿沟的能力。麦当劳花费了大量的时间和精力，在潜在消费者方面测试它的新汉堡包，并声称其中有一半人喜欢这种产品，这样的结果可不是很有说服力的背书。但就算新产品足够好，麦当劳的整个"高端"战略也从未经受类似的检查。魔鬼辩护可能已经暴露了该计划的误导性，而事前检验分析法则能揭示它的失败会给麦当劳的品牌形象和股价带来什么样的后果。如果当时使用这些技术进行足够的分析，麦当劳可能已经为自己节省了几亿美元——这些钱本可以花在开发能吸引现有客户群的新的快餐产品线上，让他们更加喜欢光顾麦当劳。美国人可能会因此变得更胖，麦当劳却能赚更多的钱。

损失惨重的掌上电脑收购案

还记得掌上电脑 Palm 吗？这家公司在 20 世纪 90 年代后期推出了第一款真正有用的个人数字助手。将掌上电脑称作当年的 iPhone 可能有点牵强，但对于熟悉科技的商务人士来说，确实可以这样类比。很快，高管们就在这台小小的可以放在口袋里随身携带的电子计算机上，记录他们的日程和通信录了。高端产品甚至可以发电子邮件。但后来黑莓出现了，然后是 iPhone，到 2010 年，Palm 已经被它亲手创造的这个市场甩在了后面。所以当惠普在当年 4 月宣布以 12 亿美元收购 Palm 时，引起了不少唏嘘慨叹。

12 亿美元，对于一家全球智能手机市场份额已缩减至 1.5% 的公司来说，似乎是一笔巨款。这还不是最糟糕的，收购之前，Palm 刚刚发布了利润预警，每季度烧钱超过 2 亿美元。但惠普有钱，而且强烈渴望进入移动计算和智能手机市场。

当时的惠普 CEO 希望利用 Palm 的专有操作系统 WebOS，把惠普的打印机产品改造成互联网设备，但没有人确切地知道为什么要这样做。他还想要一款能与苹果新款 iPad 进行正面竞争的设备，Palm 很尽职，用了不到一年就做出了一台。2011 年 2 月，惠普 TouchPad 发布时，没有允许记者真正摸到这款新产品，这引起了人们的担忧。但它远远看上去还不错，一些人相信，惠普的收购还是有意义的——至少在那个夏天产品开始销售之前是如此。TouchPad 沉重、速度慢，感觉像一个半成品。事实证明，这是一款彻底失败的产品，仅仅 49 天后，惠普就叫停了这款平板电脑的生产和销售。惠普还取消了计划推出的其他 Palm 设计产品，宣布 WebOS 开源。2012 年 2 月，惠普将 Palm 的剩余部分低价出售给 LG 电子。交易金额未被披露，两家公司都向投资者保证，这笔交易不会对它们各自的财务状况产生实质性影响。

如果惠普利用红队在签署协议前对 Palm 的收购交易进行审查，那么它可以从关键假设检查分析开始，再进行概率分析，以评估收购会给公司带来的风险。红队可以采取最具风险的假设，并使用事前检验分析法，看看这些假设如何导致失败，再用灾难性事件假设分析法来看看失败对惠普将意味着什么。SWOT 分析法也能派上用场，在诚实评估的前提下，它会揭示 Palm 在惠普所热衷进入的移动计算市场上落后的程度。最后，红队可以进行一次魔鬼辩护练习，来反对拟议中的收购。哪怕最终没能劝阻惠普的 CEO，这样做至少能够延缓惠普董事会做出收购的决策。惠普完成收购 Palm 的一个月后，当时的 CEO 赫德就辞职了。

面对优步冲击的出租车公司

2010 年夏天，叫车服务公司优步在旧金山上线。一年后，它的生意扩张到纽约。6 个月后，优步进入巴黎。此后，全球各地的出租车公司都陷入了困境。5 年前，出租车公司从不在意自己的出租车有多脏，司机看起来有多邋遢。突然间，在一个又一个城市里，它们开始重视这些事情了。然而，对许多公司来说，一切都太晚了。

如果你在一个优步尚未染指的城市拥有一家小型出租车公司，这样的事态发展可能让你感到非常焦虑。但是，如果你很聪明，它可能也会促使你重新评估你的企业和未来的计划。虽然你可能没钱请一个真正的红队，但你可以召集你的高管们，亲自来红队一下这个问题。

你可以从四视角审视法开始，看看顾客如何看待你，又如何看待优步。这可能会揭示一些改善你服务的真正机会，趁你还来得及采取行动的情况下。然后你可以进行一次事前检验分析，以确定优步将如何把你推向破产，并特别注意在哪些关键领域，你的公司能够决定事情的不同走向。然后，你可以使用从这些分析中收集的信息，来制订一个应对这一新威胁的计划。一旦完成，你可以进行关键假设检查分析，以确保该计划符合实际并根据需要进行微调。

红队虽然不能保证能拯救你的出租车公司，但至少会给你一个迎战的机会。如果红队分析显示你甚至连这个能力都没有，那么它会让你提前制订 B 计划。

随机应变使用红队策略

一些支持红队的军事组织已经制定了手册，作为红队队长和队员的实战指南。因为军队的纪律之一就是严格"照章"行事，所以这些手册中包含对战略或计划进行红队的详细步骤。这种按部就班的红队方式存在很多问题。首先，因为它们是为军事战略和计划而设计的，所以要求的步骤比大多数商业计划都更为详尽，所需时间也超出大多数企业所能承受的范围。其次，最好的军事红队不会严格遵循这些程序。事实上，史蒂夫·罗特科夫上校说，即使是工具本身，也应随需应变。

"创造一个鼓励不同想法，并让人们思考这个红队过程本身的环境，这才是我们想要的。"罗特科夫上校解释说。

尽管如此，有些人还是希望有一个路线图可以去遵循。对于这样的人来说，没有比英国国防部开发的系统方法更好的了。经英国国防部授权，我把它列在这里作为参考（如图 9-1 所示）。但连英国人自己也警告说，它只能作为一个粗略的指南：

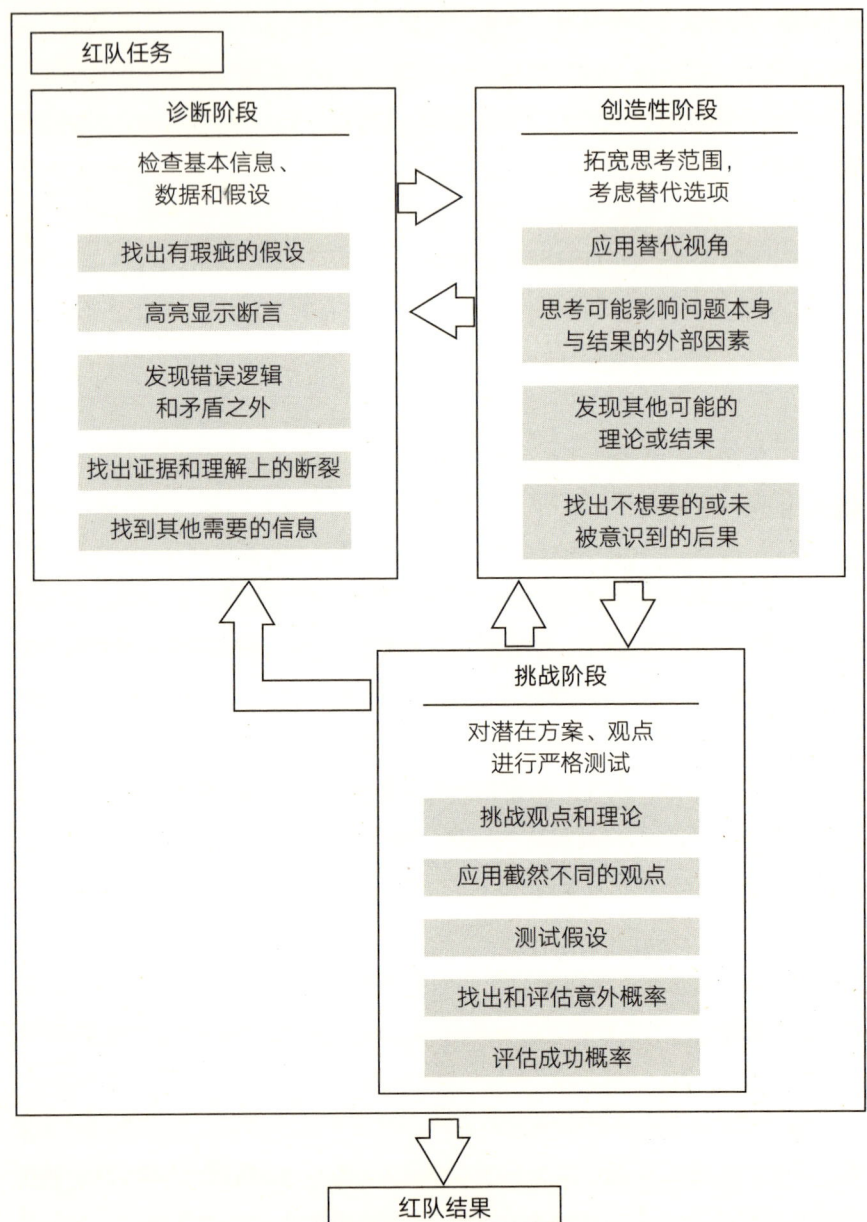

图 9-1　红队实操指南

把握九大要点获取红队成果

正如你所看到的，英国人的红队路线图最终指向一个成果。这一点很重要，因为如果红队提供的研究报告不能为组织所用，它就没有价值可言。成果的具体形态取决于你的组织需求以及交托给你进行红队的问题的性质，但几个重要考虑因素红队应始终牢记：

要点一，现实点。红队的结果需要考虑到其所服务的组织的现实情况和局限性。绝不能假定预算是无限的或者忽略其他资源限制。你也不应该仅仅因为一些好建议在当前的实施成本太高而不把它们写进报告。如果正在审查的战略或计划中存在"禁入"元素，则应提前告知红队，并且红队应尊重这些条件。但请记住，这些条件已经限制了红队进行彻底分析的能力。

要点二，提供具体的行动方案。如果红队建议对组织计划进行具体的更改，它应该提供一个分阶段的实施战略，让组织现在就可以开始朝着正确的方向前进。更改建议应尽可能具体，并且设置时间表。否则你的建议会被轻易忽略掉。建议你的公司"到第三季度末将第三组和第四组的质检员人数加倍"比建议"增加更多的质检员"要有效得多。

要点三，使其可衡量。红队建议应包括你的组织领导层可以监控的具体指标，以衡量其朝着红队所确定的目标的进展情况。这是我从传奇 CEO 艾伦·穆拉利身上学到的最重要的经验之一。"你无法管理无法衡量的东西，"他经常告诉我，并引用彼得·德鲁克（Peter Drucker）的话说，"数据赋予你自由！"技术可以提供帮助。今天，企业运营的许多方面都能被实时地追踪和监控。这些数据不仅可以为你的红队分析提供重要信息，还可以确保红队建议在你的企业内得到贯彻。但是，选择正确的指标非常重要。大多数情况下，我们往往只是粗略地衡量一些易于衡量的事物。这样做反而会坏事。

例如，如果你仅仅是要测量装配线上有质量问题的车辆数量，并把目标设定为减少这个数字，你的工厂工人可能就只会简单地让一些本应被拖走修理的车辆通过质量检验。一个更好的指标是减少最初 90 天保修期内返回给经销商的车辆数量。

要点四，标示变化的路标。红队的报告应该包括组织在执行计划或实施战略时应注意的事项清单。这些事项应清楚指示出，事情是正在按计划展开，还是正朝着一个意外的或不好的方向发展。无论是好的还是坏的指标都很重要，应该在报告中突出显示。例如，如果你通过事前检验分析法，发现你的公司引进新款跑鞋系列的计划可能会以某种方式失败，比如你的供应商无法跟上橡胶需求的增长，那么，你就应该在报告中把它作为产量上升的情况下，一件非常需要注意的事情来对待。

要点五，提供解决方案。红队应该提出防止负面发展或减少潜在故障的方法。例如，红队不应该只注意到计划成功在多大程度上取决于你的橡胶供应商的供货能力；如果主要供应商缺货，红队就应该建议公司寻找一个或多个备选供应商，并确保在生产开始前与这些公司达成调货协议。

要点六，确定约束和限制。如果该战略中存在"禁入"因素，红队应在其报告中明确说明，并注意对其分析施加的任何其他约束或限制。如果无法提供所要求的数据或其他证据，也应该加以说明。如果红队没有足够的时间或资源来全面评估计划的各个部分，请在最终报告中说清楚，这样你的分析的局限性就可以被组织高层看到。

要点七，描述方法。你的报告应包括红队在其分析中使用的所有工具和技术的列表，并对为何使用这些特定方法做出解释。简要总结每种方法得出的关键发现，并解释这些发现和最终分析之间的关系。这样做不仅可以使你的论证更有力，使你的结论更有说服力，还可以帮助组织的规划人员了解他们将来如何改进工作。

要点八，将来源和证据写进报告。附上所有支持性数据、相关报告或其他红队用来得出最终报告结论的证据。你还需要列出红队过程中参考的任何外部来源或专家。同样，这将使你的发现更具可信性，并使决策者能够更好地评估你的结论。

要点九，有效沟通。最重要的是，红队需要以清晰的、有建设性的和融洽的方式交流其发现。

有效沟通让红队价值最大化

如果无法引起人们注意，世界上最好的红队分析也是毫无价值的。要想让红队发挥作用，就必须被人倾听。要想意见被听到，红队需要分享自己的发现，让组织的高层领导听取自己的发言。这就是为什么有效沟通是高效红队的重要组成部分。有效沟通始于听，而不是说。

你的红队需要倾听组织的领导说了什么，并了解其对每个红队分析的期望。如果你的公司已经决定采取行动，但是想知道它会如何失败，那就不要浪费时间去尝试制定其他行动方案。简单地进行事前检验分析或者使用魔鬼辩护来揭露该计划中的弱点。如果这些弱点很显著，你可能会想建议其他选择，但是，不要在对方没有要求的情况下擅自去做。同样，如果高层领导宣称你所分析的战略中有"禁入"部分，那么揭露这些元素的弱点只会损害你的声誉，使那些高管更难接受红队。

有效的沟通也意味着以建设性的方式展示你的发现。

请记住，计划存在缺陷并不一定意味着它是个糟糕的计划。如果你的红队不是给出可行的建议来解决计划的弱点和缺点，而是图一时之快否定整个计划，结果只能是招人记恨。例如，不要得意于指出公司引入新跑鞋系列的计划会因橡胶供应商无法满足需求而失败，而是可以建议提前找到更多的橡胶供应来源。

这并不是说红队不应该是批判性的或逆向的。毕竟，这是它的工作。但是，当红队以一种合议性的方式完成这项工作时，才是最有效的。

保持红队和组织其他部门之间良好关系的一种方法，就是仔细思考如何去呈现和分享红队的发现。因为红队的工作之一就是对计划和战略进行批评。一般来说，红队通常不应该在正式的员工会议或其他公开论坛上报告其发现。这样做可能会引发制订原始计划或战略的工作人员的防御性回应，简报会也很可能演变成一场辩论。绝对应该鼓励组织的正式员工对红队的发现做出回应，但只应在红队将这些发现直接提交给高层领导之后。由于红队提供的必须是替代性的、打破陈规的分析，因此在你的组织中传播的任何红队文件都应该打上这样的标签。美国中央情报局非常谨慎地这样做了，这样任何阅读"红细胞"报告的人都明白它们是基于逆向分析的，并且旨在激发批判性思维。

辩证地对待红队成果

一旦红队完成了分析并提交了报告，就由组织领导层来决定如何处理结果。如果你是这些领导者之一，你必须记住一些重要的事情，以充分使用红队的成果。

你必须记住，红队的作用不是要制订更好的计划，而是让现有计划更好。你还必须记住，红队应该是批判性的和逆向的，但不一定是正确的。红队的工作并不是要取代公司常规规划人员的工作，而是作为辅助。

作为领导者，你绝不应该把红队的发现当作"圣旨"，但它们应被认真对待。有时，红队提出的担忧足以重大到让你决定放弃计划。例如一项潜在的企业并购，当红队发现这桩合并案可能会在多种情况下对公司的未来造成不可挽回的伤害时，你就会觉得不值得冒险。然而，你绝不应该仅仅因为红队发现了问题就全盘推翻一个计划或战略。相反，要思考红队所暴露出的威胁或弱点对于计划成功的威胁有多严重，还要思考红队建议用于减少这些缺点或对抗这些危险的所有步骤。如果思考过后，你仍然认为这一战略值得追求，就让规划人员去解决红队发现的问题。如果规划人员修改后的方案能够用来处理这些问题，或者他们会创建应急措施来应对任何意外或不希望的后果，那么你就可以通过一些手段推进计划。不过，我建议你继续留意红队特别标示的那些区域。或者，更好的办法是请红队来帮你盯着。

只要有可能，红队应该继续参与该项目或倡议，以便能够提供更多的见解并观察其分析中所有标志变化的路标。也许最好的方法是安排定期的项目进度审查，并要求红队将更新报告作为计划推进的一部分。这有一个额外的好处，就是确保红队继续投入到组织的成功中去，而不是让自己成为一群专业的挑刺者。如果你对计划没有按预期进行感到困惑，红队或许能帮你找出原因。

◎ 红队没有所谓的"正确的打开方式"。红队使用的各种技术及其使用顺序，都将取决于问题本身的性质、可支配的时间、组织在其规划过程中的位置以及可用于进行红队的资源。

◎ 红队的艺术性在于你要知道什么时候停止。需要采取行动时，绝不要让红队妨碍行动。

◎ 如果无法引起人们注意，世界上最好的红队分析也毫无价值。红队需要分享自己的发现，让组织的高层领导听取自己的发言，而有效沟通始于听，而不是说。

◎ 红队的作用不是要制订更好的计划，而是让现有计划更好；红队应该是批判性的和逆向的，但不一定是正确的；红队的工作并不是要取代公司常规规划人员的工作，而是作为辅助。对于红队的发现，领导者要辩证地对待。

RED
TEAMING

第 10 章

严守规则，
让红队发挥最大效力

测一测你对红队策略了解多少

1. 如何理解"红队可以大胆质疑，但别有失分寸"？

   A. 红队应该避免冲突

   B. 红队应适当隐藏怀疑的视角和质疑的天性

   C. 红队应学会和睦地表达不同意

   D. 红队对发现的问题可以轻描淡写或掩盖

2. 红队需要发挥效能的空间，下列哪一项不是为其创造空间的方式？

   A. 组织高层领导应对红队给予支持

   B. 红队可以自由地查看关乎计划的所有方面，以便进行彻底的分析

   C. 红队应采取措施不断争取更大的关注

   D. 红队可采取有创意的措施以确保其结果被认真对待

3. 红队需要被妥当地对待，下列哪一项不是使用红队的好方法？

   A. 只用它解决不能用常规手段解决的问题

   B. 让红队成为内部警队，观察员工的一举一动

   C. 每次红队会议不能超过 90 分钟

   D. 聚焦重点计划，不要试图重新评估公司的整个业务战略

4. 下列哪一项不是让红队发挥最大效力的关键规则？

   A. 找出真相很复杂，但不要轻言放弃

   B. 红队不能犯错，才可以保持可信度

   C. 红队应不断挑战自己

   D. 成功的红队需要高层的保护

大多数人宁愿死也不愿思考，而且很多人真的
至死都没有思考。

——伯特兰·罗素（Bertrand Russell）

到目前为止，我希望你已经能够清楚地意识到红
队力量的强大，以及它可以为你的公司带来的巨大改
变。通过应用我在这本书中解释过的工具和技术，你
的组织可以更好地计划、更有效地竞争、更主动地创
新，并成为所在行业的颠覆者，而不是被颠覆者。但
是，尽管红队有效，其自身却面临挑战。知道如何应
对这些挑战和知道如何使用红队同样重要。

企业红队仍处于起步阶段。在与国内外公司的合
作中，我通过反复的尝试学到了一些重要的经验教
训。我询问我的客户什么有效，什么不起作用。我和

来自世界各地的军事和情报机构的红队专家讨论了我的所学。以下是从这些谈话中我得到的最重要的启示，这些启示中，首先是红队的规则。

规则一，红队可以大胆质疑，但别有失分寸

"别有失分寸！这是一条永远不能被违反的红队规则，"罗特科夫警告说，"你可以很聪明，你可以很挑剔，你可以反驳，你可以是对的。但，不可以有失分寸。"

这是很有挑战性的，因为红队成员可能是一群难对付的人。使他们成为高效分析师的那些特质——敏捷的智慧、怀疑的视角和质疑的天性——会让他们显得傲慢和冷漠，尤其当他们是对的时候。这就是为什么每个红队成员都必须警惕这些特质，要注重培养合作和包容的态度。

我经常告诉我的客户，红队对于企业来说是一种"严厉的爱"，因为它通过紧逼、质疑和挑战现状，来让企业进步。如果这些事情很容易做到，自然一切都好说。但这并不容易，因此，红队很容易发现自己与组织的其他成员发生对立。这就是为什么一支有效的红队总是努力成为解决方案的一部分，而不是问题的一部分。怎么做？记住，只有帮助组织的其他成员获得成功才是成功的红队。要做到这一点，红队只能与组织的其他成员相互协作，而不是对立。

这并不意味着红队成员应该避免冲突，因为冲突是红队过程中固有的。一支红队绝不能为了避免伤害别人的感情，或者更糟的是，为了内部政治而放弃尽职尽责。但是，一支红队应该竭尽全力，尽可能地以尊重和建设性的态度来提出自己的发现。

优秀的领导者知道，冲突本质上是没有是非对错的。一些人，比如英特尔的传奇 CEO 安德鲁·格鲁夫（Andrew Grove），就积极鼓励冲突[①]。格鲁夫相信，他所说的"建设性对抗"是英特尔成功的关键：

> 处理冲突是管理任何企业的核心。因此，除非冒着生命危险，管理者就不能回避对抗，要直面有分歧的问题。问题可以被拖延，可以被纵容，可以被轻描淡写或被掩盖，但它不会消失。如果组织要前进，就必须解决冲突。建设性对抗加速了问题的解决。它要求参与者直截了当……它促使人们尽快处理问题，防止问题恶化。它鼓励有关各方集中精力解决问题本身，而不是盯着陷入这个问题的人。

"建设性对抗并不意味着争吵、不愉快或粗鲁，也不意味着指责，"格鲁夫说，"对事不对人。"

这正是红队进行工作所必须采取的方式。借用一下人际关系大师戴尔·卡耐基的话：他们需要学会和睦地表达不同意。

红队还需要对其工作对组织其他成员的影响保持敏感。红队的报告读起来可能会很痛苦——尤其是对那些帮助起草计划的人来说，那是在批评。内部讨论时，红队可能会乐在其中，但在开放讨论时，绝不应该对这个工作如此享受。红队成员需要保持谦逊。在一个红队成员身上，某种程度的不敬是一种可取的品质，但如果达到了自以为是的程度，就不应该了。

[①] 安德鲁·格鲁夫与他的两位合伙人共同将英特尔打造成千亿美元量级的公司，他们的传奇故事被记述在《三位一体：英特尔传奇》（*The Intel Trinity*）一书中。本书简体中文版由湛庐文化策划出版。——编者注

规则二，成功的红队需要高层的保护

之前我已经谈到过这个问题，但它值得一再重申：成功的红队需要组织高层领导的支持和参与。否则，红队进程就容易被打断，或者其结果干脆被忽略。

在商业环境中，当红队直接向 CEO 汇报并得到其全力支持时，将是最有效的。在实践中，这并不总是可能发生的。红队在向大小部门主管汇报时仍然有效，只要红队的内容范围局限在这些部门内部。如果红队试图解决这些部门以外的问题，它必然面临着与其他高管发生冲突的局面。

"一支没有高层保护的红队只不过是一群身处险境的异议者。"罗特科夫警告说。

如果红队不向组织高层汇报，它应该尽一切努力让高层领导参与到红队的工作中来。在开始任何红队练习之前，红队应征求管理层的意见，以确保领导层的关切得到解决，并尊重其认为需要施加的任何限制。红队还应直接与这些高管分享其调查结果，最好是邀请他们参加最后的简报会，或者至少要给他们一份最终报告的副本。

如果不这样做，坏事就会发生。例如，英国国防部的一支红队被要求分析一位政府高级官员的提案。该红队发现该计划存在严重问题，并建议做出重大修改。当政府官员被他的上级问及是否已经将提案提交给红队审查时，他保证说提交过了。然而，他并不认同红队的担忧。该计划获得批准，并最终失败了，红队也难辞其咎！

规则三，为红队创造发挥效能的空间

即使红队队员的行为无可指责，要让整个组织接受红队的想法并牢记红队的建议，仍然是一个挑战。在军队中，对红队的抵制主要来自那些不完全了解红队是什么或者为什么需要红队的军官。一旦他们了解了红队的情况，这种抵抗通常会消散。成功的部门也倾向于抵制红队，他们认为，自己在过去是成功的，也知道将来取得成功需要什么。正是这种想法导致了美国汽车产业的崩溃。

大多数组织——无论是军队、政府机构、上市公司、私人企业，甚至是非营利性机构——都是等级分明的，而等级制度往往导致组织很难对自己的战略和计划进行批判性审视。等级制度倾向于鼓励顺从和奖励一致，而不是鼓励质疑和奖励创新。俗话说会闹的孩子有糖吃，但在等级制机构中，会闹的孩子往往被边缘化或被迫到其他地方寻找机会。此外，等级制度中的人往往拒绝接受任何批判性的评论，因为他们担心这种审查可能会为野心勃勃的同事或下属提供弹药。组织或组织内部的派系，如果不想对他们的计划和过程进行认真的审查，有时会试图通过限制红队分析范围、隐瞒重要信息或拒绝让其接触相关人员和数据来与红队进行博弈。一个经验丰富的红队队员将毫不费力地认识到这一点，但规避这些限制可能是一个挑战。这也是为什么红队必须得到组织高层领导支持的另一个原因。一个红队领导应该毫不犹豫地让下令进行红队分析的高管意识到所有的干扰或不合作因素。同样，那些负责红队的人，想让红队完成使命，就必须准备好清除这些路障。

如果红队无法查看公司运营的所有方面，就很难有效地发挥作用。但这样也不是不能红队，只不过无法全面进行批判性分析，红队成果就不会是完整的。这对许多组织来说是可以理解的挑战。一些公司会想把敏感的问题，例如涉及人事或工会的问题，从桌面上拿掉。但是，一个红队需要自由地查看业务的所有方面，以便进行彻底的分析。

有时候，那是根本不可能的。董事会可能已经否决了特定的行动方案。监管要求或工会合同可能会限制公司的选择。在这样的情况下，必须牢记这句谚语：至善者，善之敌。在我们生活和工作的世界里，行动方案往往受到政治、个性或金钱的限制。有限制的红队总比没有的红队更好，除非这些限制是被故意用来改变红队练习成果的。

另外，人们也可能通过忽略红队的发现来颠覆红队。我再重申一次，防范这种情况的最佳方法是确保红队获得高级管理层的支持，并将其调查结果直接报告给组织最高层。但红队也可以采取一些更有创意的措施以确保其结果被认真对待。例如，美国中央情报局的"红细胞"擅长于在机构内推销自己及其成果。"红细胞"报告通常用耸人听闻的标题来确保它们会被阅读。该团队还聘请了一名兼职平面设计师，为其成果添加吸引人的信息图像，甚至曾经把一份报告做成插画故事去呈现，算得上是无所不用其极了！

当然，并不是所有的红队都想要或者需要这样的关注。在商业环境中，红队保持低调往往更好。不仅如此，还要谨记，被过度关注并不是好事。这一点只要问问北约的替代分析项目负责人约翰尼斯·德·奈斯就知道。他的麻烦是没有时间来处理组织收到的所有红队请求。

"人们要么没听说过我们，要么都来找我们，"德·奈斯告诉我，"没有其他情况发生。"

规则四，要有方法、有选择地使用红队

也发生过这样的情况，那就是红队要将一个问题或想法"毙掉"。最有效的红队将红队工作进行得恰到好处，不插手任何自己的分析任务之外的事情。没有效率的红队会浪费时间在一个又一个的兔子洞之间徘徊。

如果你的任务是红队公司推出新跑鞋系列的计划，那就把重点放在压力测试该计划上。不要把这项任务当作一次机会，去探索新的登山鞋系列是否能更赚钱，或质疑你的公司最初从事鞋业的合理性。如果你的任务是分析与 XYZ 公司的合并计划，请关注这种合并的风险和机会，不要以此为契机去重新评估公司的整个业务战略。

红队分析组织所做出的每一项决策的做法，是损害效率的。持续不断地进行红队分析可能给员工造成压力，导致士气低落，因为员工们的一举一动都会受到质疑和挑战。这不是红队存在的目的，也不是对红队的有效使用。

应该有方法、有选择地使用红队。应该用它来分析重要决策、重大交易和总体战略。当问题不能通过常规手段令人满意地解决时，就应该召唤红队。如果你有一个内部红队，它没有被赋予这样的任务，那么就应该要求它去处理大局问题或者分析竞争格局。你绝不应该让红队成为一支内部警察部队，每天都在观察员工的一举一动，挑他们的毛病。

你也不应该让你的红队累坏了。

红队是项艰苦的工作。使用本书中介绍的工具和技术进行红队分析的过程，强度很高，需要消耗大量脑力，甚至消耗心力——特别是当你对自身进行红队的时候。红队要求你比以往开动更多脑筋。不仅要求你回答棘手的问题，

还会质疑你的答案。红队需要智力上的自律、分析上的坚持和情感上的韧性。

我第一次为客户组织的红队实战，给我上了难忘的一课。我们安排了几个全天会议来分析公司的新业务战略。最初的几个小时进行得很顺利，但到了下午晚些时候，一切开始变得模糊。我不情愿地在下午 4 点左右认输，回到我的酒店，甚至连衣服都没脱就睡着了。当我与英国国防部的红队计划负责人汤姆·朗兰准将分享这一经历时，我几乎能感知到他在电话那头摇头。

"正常情况下，一次（红队）会议所能容忍的最大时长是 90 分钟，"朗兰告诉我，"我们的做法是上午两次，下午一次，每次 90 分钟。由于这里的制度要求，在每次会议的间隙，我们都会回到办公桌前假装工作。但事实是，正常情况下，你会感到精疲力竭，因为你必须思考和集中注意力，你必须倾听每个人在说什么，并对照你所知道的知识进行权衡。然后，你必须思考如何组织自己的辩论。当然，在红队里没有俘虏。这个过程非常累人。我在军队服役了 30 年，从来没有像进行概念测试会议时那样辛苦。"

因此，请从我的错误中吸取教训，并采纳朗兰的建议：把每天的红队会议次数限制为 3 次，每次 90 分钟。有时因为任务时间紧迫，可能不允许你这样做。但即便如此，你仍然应该遵守 90 分钟的原则，并确保在每次会议之间至少有 30 分钟的休息时间。

规则五，红队应不断挑战自己

红队永远不应该成为例行公事。红队就是以不同的方式来看待事物，所以你需要避免用同样的方法和技术来处理每一个问题。这可能是一个挑战，因为每找到一种可行的方法时，我们就会不断重复它。我们开始变得懒惰，对偏见和群体思维的危险不再保持警觉。

红队应该不断挑战自己。它应始终鼓励其成员表达不同的观点甚至相互冲突的意见。朗兰鼓励他的红队队员培养厚脸皮。

"在红队时，你不能对任何想法固执己见。想法会遭到攻击，这往往相当残忍。你不能太把这当回事，"朗兰建议道，"我们可以就某件事进行最激烈的争论，但一到中午 12 点半，我们就一起下班，去吃一顿美味的午餐。"

正如我之前说过的，红队中的人员轮换可以帮助它保持优势。只要确保新的团队成员了解红队的原则以及如何使用各种工具和技术。

混合使用这些工具和技术也是一个好主意。如果你以同样的方式处理每一个问题，红队就有变成一种官僚主义行为的危险，而不是改变游戏规则的工具。此外，一遍又一遍地使用相同的方法生成的红队报告，读起来会非常相似，这使它们更容易被忽略。

当红队开始成为公司中其他人的日常工作时，这也可能会给红队带来挑战。一旦红队成为组织规划过程的一部分，负责计划的员工就会开始预测红队会提出什么样的反对意见。这并不一定是坏事，可能会使这些员工成为更好的规划者。但是，如果他们试图玩弄这个系统，就会成为一个问题。如果最大的反对意见总是在红队提交替代分析报告之前就被规划人员解决掉，红队就会放松警惕，在分析时也不再严格恪守规则。例如，如果规划人员发现红队总是要求提高供应商的供货能力以满足增长的需求，他们就可能在方案中提出一样的建议，实际上却没有向供应商提出要求。红队应该要求提供证据。这一点始终是至关重要的，即使面对的是最完善的计划。这是红队的工作，只有通过深入挖掘才能做到。

规则六，红队可以犯错，但要保持可信度

正如我之前所说的，你不能根据一支红队的成功纪录来评判它，因为红队并不能预测未来。红队不一定是对的。他们需要犯错才能有效地完成他们的工作。

考虑以下场景：你要求红队分析与 XYZ 公司的合并建议。红队对这笔交易进行了逆向分析，揭示出这种合作可能给你的公司带来灾难的所有不同方式。但最终你还是决定继续这项合并案，结果证明这是一次双赢。

红队失败了吗？

绝对没有。它做了它应该做的。它已经对你的计划进行了批判性思考，找出了可能出错的所有情况，并希望让你的高级领导层在签署协议之前权衡这些可能性。理想情况下，红队的分析也会给你发出警告信号，提醒你在随后的重组过程中可能会遇到麻烦。

迈卡·曾科在他对美国中央情报局"红细胞"的研究报告中说，机构"将红细胞团队描述为一个本垒打球手，你必须习惯三振出局。'10 次击球，击中的概率只有 30%。因此，你必须习惯那些击不中球的情况，而不是试图用传统的监督手段扼杀红细胞，这会消灭它的创造力。'"

对参与者来说，衡量红队或红队练习成功与否是很容易的，但对于那些没有参与红队过程的人来说往往很困难。在我帮助戴尔·卡耐基联合公司高管团队对他们的扭亏为盈计划进行红队之后，每一位高管都确信这个新版本计划能在解决公司根本挑战方面做得比最初的草案更好。但是如果你不是这个过程的一部分，没有看到最初的计划，你怎么知道呢？如果你不知道，你

又如何评价红队的成效？

我认为，对红队和红队成员的评判，应该取决于他们在公司高层领导之间引起的对话、他们为这些讨论提供的更多思考材料，以及他们的见解在多大程度上有益于重要决策的出炉。任何能引起人们思索并为决策者提供了新视角的红队都是尽职的。任何让人们开始思考他们以前不会想到的事情的红队都是优秀的。

然而，如果一个红队总是错的话，那就会产生它自己的问题。

一支总是错的红队永远不会被认真对待。它的警告将被忽视。其报告将不会被阅读，其成员将失去信誉。由于这个原因，红队确实需要注意自身的纪录，确保把球击出场外，哪怕偶尔做到。

如果你的红队不能做到这一点，那么它就是在做错事。因为虽然红队不需要正确，但确实需要可信。如果红队误解了被要求解决的问题，建议的行动被证明是不成功的，或提出在道德、法律或经济上经不住推敲的替代方案，它将失去可信度。

规则七，找出真相很复杂，但不要轻言放弃

有时候，红队是一个孤独的事业——尤其当你是在一个不想学习、不想改变、不想成长的组织中进行红队工作的话。

红队是为了获取真相，而真相往往是相当复杂的。还记得第 5 章中的 Cynefin 框架吗？正如我们所讨论的，红队要分析的"复合的"象限中的许

多问题，不同元素之间相互交缠。红队擅长解决这些棘手的问题，但是解决这些问题的方法很少是以快速修正或简单回答的形式出现的。可是往往，组织唯一想听到的就是简单而快速的解决方案。

许多公司喜欢简单的解决方案，不需要太多的努力就能实现。他们更喜欢立竿见影的短期修复方式，即使这些修复方式几乎无法解决潜在问题。他们对费时费力才能达到目标的长期解决方案不感兴趣。但正如彼得·圣吉在《第五项修炼》中所警告的那样："简单的出路通常会让我们回到过去。"

如果你作为一个红队队员的工作被置若罔闻，会很容易感到气馁和挫败。这就是为什么美国陆军教导他们的红队队员要经常思考所谓的"我的15%"。这个想法很简单：无论你是一个将军还是士兵，一名高管还是普通员工，你都可以做一些事情来改善你的团队、部门甚至整个组织的绩效。

"我们都拥有一定的权力来影响我们的工作。我们控制自己的态度和方式，如何与其他人互动，如何优先安排和利用我们的时间。但人们总是认为自己无法控制。'我的15%'就是为了击败这样的想法，"罗特科夫解释道，"只需要简单地问：'我能做些什么来实现一点小小的改变？我该怎么做才能让事情变得更好？我该怎么做才能点起一盏小灯？'这个想法并不是为了解决问题，而是为了改善形势。当然，当你开始让一个组织中的很多人都这样思考时，就会让一切变得更好。"

◎ 红队对于企业来说是一种"严厉的爱"，它通过紧逼、质疑和挑战现状来让企业进步，这并不容易。红队不必为了避免冲突而殚精竭虑，但应该尽可能地以尊重和建设性的态度来提出自己的发现——学会和睦地表达不同意。

◎ 红队应该不断挑战自己。它应始终鼓励其成员表达不同的观点甚至相互冲突的意见。红队是改变游戏规则的工具，而非例行公事。

◎ 任何能引起人们思索并为决策者提供了新视角的红队都是尽职的，任何让人们开始思考他们以前不会想到的事情的红队都是优秀的。

◎ 无论你是一个将军还是士兵，都可以做一些事情来改善团队的绩效，只需要简单地问："我该怎么做才能让事情变得更好？"这并不一定能够解决问题，却可以改善形势。当组织中的很多人都这样思考时，一切就会变得更好。

使用红队策略，赢得一切竞争

最勇敢的行为仍然是独立思考，大胆表达。

——可可·香奈儿（Coco Chanel）

　　我们班完成了利文沃斯堡的红队队长训练课程，毕业典礼选在了德怀特·艾森豪威尔（Dwight Eisenhower）将军常去的基地高尔夫球场的老兵俱乐部，而不是那所曾经的监狱的围墙里。和第一天来到利文沃斯堡时一样，我还是在场唯一穿着便服的怪人。我的同学们已经重新穿上戎装，其他红队训练班的毕业生也穿上了卡其色、棕色和橄榄色的军服。领奖台上站着退役的加里·菲利普斯（Gary Phillips）上校，他是美国陆军训练与条令司令部情报局局长，管理着外国军事和文化研究大学及其红队训练项目。

　　"你们现在已经接受了训练，拥有了挑战高级军官的工具。你们要有勇气去使用它们，"菲利普斯上校说，"你得鼓起勇气说，'长官，我们得停下来思考一下。'"

作为一名商业上的红队成员，你需要同样的勇气，因为你要能够对高管说出同样的话。你需要勇气对权力说真话。你需要勇气指出计划中的缺陷，即使它是由你的老板或者你老板的老板写的。你需要勇气来解释为什么虽然"我们以往都是这么干的"，现在却不一定是最好的做法，你也需要勇气去提供一个更好的选择。红队不是为胆小的人准备的，不适合那些害怕激怒别人的人。红队是为那些决心真正改变他们所服务的组织的人而设的。红队是为那些解决了一个问题，找到了一个解决方案，或者避免了一场灾难，晚上才能睡安稳的人而准备的。

本书为你提供了进行全面红队分析所需的工具和技术，让你在日益加剧的全球竞争中打赢每一场战役。我坚信所有团队、企业或非营利性组织都能从中受益。运用这套打胜仗的策略，你可以帮助你的组织以前所未有的优势取得成功，节省数百万美元甚至更多，成为行业颠覆者而不是被颠覆者。但正如加里·菲利普斯对我们毕业班同学所说的，你必须鼓起勇气使用你所学到的知识，使之有用武之地。

菲利普斯还表示，要让红队在组织中取得成功，组织的管理者需要鼓起同样的勇气。"也许更重要的是，当你自己成为高层领导时所需要的勇气——从比你职位低的人那里接受建议的勇气，你要有胆量让自己的观点受到挑战而不为此生气，"他继续说，"你必须想办法让人们相信，你会倾听他们，你会把他们的话记在心上，你会付诸行动。这些都需要勇气。你需要勇气来战胜那个自我。你不能生气。你不能斥责他们。你不能杀死信使——因为你知道一直屠杀信使会发生什么？再也不会有人为你传信了。"

无论你是在经营一家企业，运营一个分支机构，还是管理一个部门，你都需要勇气将你最完善的计划和战略付诸批判性的审查。你需要勇气征求那些挑战组织主流意见的反面观点。你需要进行红队的勇气，因为要求进行红队分析和听取其结果同样需要胆量。你可能并不总是喜欢你所听到的。你可能决定不按照红队的建议行事，而你这样做可能是有道理的。但你还是得听听红队怎么说。

你现在就得听听。

你在考虑一场重要收购案吗？那就进行红队吧。你在计划大规模扩张吗？红队吧。你是否面临着新的竞争对手或颠覆性技术？红队吧。你准备开展新的营销活动或是公司重组？去红队吧。如果都不是，我建议你的公司考虑每 3 至 5 年红队自己的整体商业战略，以此来确保它仍然是可行的。

"在不得不改变之前做出改变。"通用电气前 CEO 杰克·韦尔奇（Jack Welch）曾建议说。今天，每个人都必须不断地改变。对于大多数企业来说，每一天都会遇到新的挑战和机遇。据我所知，红队是能够帮你应对挑战并抓住机会打胜仗的最优方法。虽然红队不能预测未来，但它一定可以帮助你为赢得未来竞争做好准备。

红队你自己

现在你已经意识到了我们日常思维中的种种偏见和逻辑谬误，人们深受其害，却无法免疫。如果你不能认识到自己的偏见，无法识别自己论证中的逻辑谬误，那么当你试图指出别人的错误观点时，怎么能指望别人倾听呢？

你也知道，我们看待问题的视角会对我们处理问题的方式产生很大的影响。所以，我们每个人都必须了解自己的参考框架。我们无法摆脱这一框架，但我们可以意识到它并承认它。通过这样做，我们就可以减轻其对我们分析的影响。

能够批判性地看待自己、自己的假设和信仰的人，也能更好地看到别人的问题所在。在《超预测》一书中，泰洛克试图找出最好的预言家所共有的品质。事实证明，最重要的不是分析能力或智力，而是与自我批评和开放性思维相关的能力。

"一个聪明的解谜者可能拥有预测所需的原材料，但如果他不同时具有质疑基本的、受感情支配的信仰的兴趣，他就可能还不如一个资质平庸但拥有更强自我批判思维的普通人。最重要的不是你的原始分析能力，而是你如何使用它，"泰洛克发现，"对超级预测者来说，信仰是有待检验的假设，而不是需要守护的珍宝。"

不幸的是，大多数人缺乏这样做的勇气。他们不愿意挑战自己的信仰，质疑自己的假设，甚至不愿意分析自己的论证。但是要想在红队中发挥作用，这正是你必须做的。

你最后一次读到你完全不同意的东西是什么时候？我的意思是，真的读过了，一直读到最后而不仅仅是偶然发现，眨眨眼睛，合上书又去看别的了。你上一次听到别人的观点与你的观点完全相左是什么时候？我的意思是，你听完他们的话，而不仅仅是摇了摇头就走开了或者换了个频道。你最后一次认真地审视你坚信的东西是什么时候，你是否问了自己，你怎么能这么确定那是真的？

这些都是有效红队的先决条件，也是我们每个人都应该理所当然地去做的事情。苏格拉底有句名言：“未经审视的人生是不值得过的。”就红队而言，这句话并不过时。我并不是建议你成为当代的勒内·笛卡尔，把自己关在房间里，一个壁炉，一支蜡烛，去思考存在的确定性。但我要求你对自己采取同样的批判方法，就像你对你的公司、组织以及它们的战略和计划一样。

红队是一场革命

2016 年 5 月 16 日，美国参谋长联席会议发布了《联合条令注释 1-16》（ *Joint Doctrine Note 1-16* ），要求美国军队所有分支机构使用红队：“帮助指挥官和参谋进行批判性和创造性的思考；挑战假设；减少群体思维；通过防止自满情绪和意外来降低风险；通过帮助成员从其他角度看待形势、问题和潜在解决方案来增加机会。”

这是迄今为止美国军方对红队的最有力的认可。其他国家的军队和情报机构也在继续扩大红队的实践。红队在企业中也越来越受欢迎。红队策略正在成为各类组织认可的打胜仗的策略。

我与世界各地的公司分享了我与你们分享的这些工具和技术。这些企业利用红队压力测试扭亏为盈的计划，重组公司架构，审核投资目标，向投资者提出建议，在向客户提交之前优化投标，并研究如何在全球经济放缓形势中找到有利因素。

红队正在迅速成为风潮，一场安静的、通过口碑慢慢传播的风潮。有了这本书，我希望能把这股声势放大，让每个企业都知道红队，了解其优势，并有机会使用这种帮助企业打胜仗的策略来改进战略、做出更好的决策。

通过在这本书中学到的策略，你可以帮助组织做到这一点。你可以帮助你的企业或者非营利性组织对战略进行压力测试，完善计划，消除隐藏的威胁，找出错失的机会，避免被意外事件或新的竞争者包围。但是，只有你敢于使用所学，才能实现这些目标。

在我们的毕业典礼上，史蒂夫·罗特科夫上校将红队描述为一场革命——一场正在改变军队做重要决定、规划和制定战略的方式的革命；一场使整个组织更具竞争力、更灵活、更能在瞬息万变的世界中打胜仗的革命。

"你现在已成为这场革命的一部分，"罗特科夫上校告诉我们，"现在，前进吧，把这个消息告诉全世界！"

未来，属于终身学习者

我这辈子遇到的聪明人（来自各行各业的聪明人）没有不每天阅读的——没有，一个都没有。巴菲特读书之多，我读书之多，可能会让你感到吃惊。孩子们都笑话我。他们觉得我是一本长了两条腿的书。

——查理·芒格

互联网改变了信息连接的方式；指数型技术在迅速颠覆着现有的商业世界；人工智能已经开始抢占人类的工作岗位……

未来，到底需要什么样的人才？

改变命运唯一的策略是你要变成终身学习者。未来世界将不再需要单一的技能型人才，而是需要具备完善的知识结构、极强逻辑思考力和高感知力的复合型人才。优秀的人往往通过阅读建立足够强大的抽象思维能力，获得异于众人的思考和整合能力。未来，将属于终身学习者！而阅读必定和终身学习形影不离。

很多人读书，追求的是干货，寻求的是立刻行之有效的解决方案。其实这是一种留在舒适区的阅读方法。在这个充满不确定性的年代，答案不会简单地出现在书里，因为生活根本就没有标准确切的答案，你也不能期望过去的经验能解决未来的问题。

湛庐阅读App：与最聪明的人共同进化

有人常常把成本支出的焦点放在书价上，把读完一本书当作阅读的终结。其实不然。

时间是读者付出的最大阅读成本
怎么读是读者面临的最大阅读障碍
"读书破万卷"不仅仅在"万"，更重要的是在"破"！

现在，我们构建了全新的"湛庐阅读"App。它将成为你"破万卷"的新居所。在这里：

- 不用考虑读什么，你可以便捷找到纸书、有声书和各种声音产品；
- 你可以学会怎么读，你将发现集泛读、通读、精读于一体的阅读解决方案；
- 你会与作者、译者、专家、推荐人和阅读教练相遇，他们是优质思想的发源地；
- 你会与优秀的读者和终身学习者为伍，他们对阅读和学习有着持久的热情和源源不绝的内驱力。

从单一到复合，从知道到精通，从理解到创造，湛庐希望建立一个"与最聪明的人共同进化"的社区，成为人类先进思想交汇的聚集地，与你共同迎接未来。

与此同时，我们希望能够重新定义你的学习场景，让你随时随地收获有内容、有价值的思想，通过阅读实现终身学习。这是我们的使命和价值。

湛庐阅读App玩转指南

湛庐阅读App结构图：

12+图书订阅服务
纸质书
有声书
电子书

读什么

湛庐阅读App

怎么读

泛读：一书一课
通读：通识课
精读：精读班

优秀的读者和终身学习者

与谁共读

跟谁读

作者、译者、专家、推荐人和阅读教练

三步玩转湛庐阅读App：

读一读 ▼

湛庐纸书一站买，
全年好书打包订

听一听 ▼

泛读、通读、精读，
选取适合你的阅读方式

书城

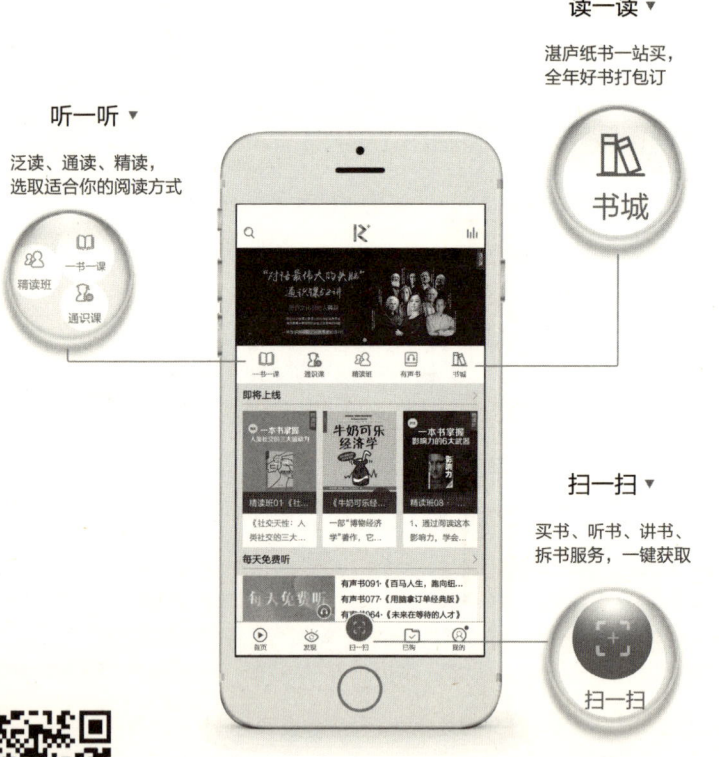

扫一扫 ▼

买书、听书、讲书、
拆书服务，一键获取

扫一扫

App获取方式：
安卓用户前往各大应用市场、苹果用户前往 App Store
直接下载"湛庐阅读"App，与最聪明的人共同进化！

使用App 扫一扫功能，
遇见书里书外更大的世界!

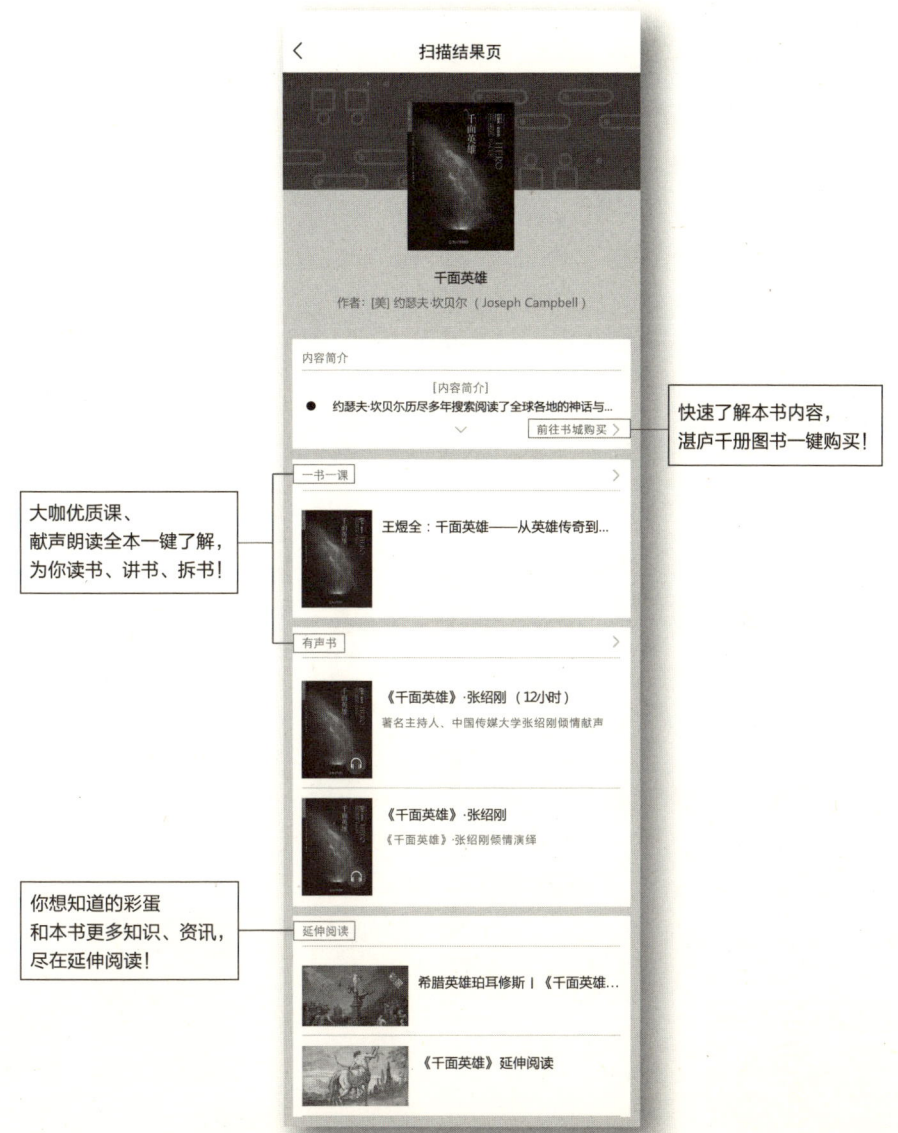

快速了解本书内容，
湛庐千册图书一键购买!

大咖优质课、
献声朗读全本一键了解，
为你读书、讲书、拆书!

你想知道的彩蛋
和本书更多知识、资讯，
尽在延伸阅读!

延伸阅读

《天才团队系列》

◎ 《如何领导天才团队》是哈佛商学院教授、领导力研究中心主任、"全球具影响力的50大商业思想家"（Thinkers50）琳达·希尔领衔作品！破译让组织永葆创新活力的密码。

◎ 《如何创建天才团队》由《福布斯》杂志出版人里奇·卡尔加德和著名科技记者迈克尔·马隆的联袂巨献，揭开高绩效背后的新科学！

◎ 《如何成为创意组织》是全球知名创造力研究学者凯斯·索耶的倾心力作，提出了团队创造力的十个关键条件和一些基本规则。"心流"理论创始人米哈里·希斯赞特米哈伊、多元智能理论创始人霍华德·加德纳鼎力推荐。

使用"湛庐阅读"App，
"扫一扫"获取本书更多精彩内容。
ISBN 978-7-220-11316-1

《管理的本质》

◎ 管理界的奥斯卡、全球管理思想的风向标Thinkers50排行榜出品，畅销书《管理百年》作者斯图尔特·克雷纳力作。

◎ 对话近现代管理领域的领军人、全球具有影响力50大商业思想家排行榜获奖者，用世界上领先的商业思维应对当今严峻的挑战。

◎ 海尔集团董事局主席兼CEO张瑞敏鼎力推荐！

使用"湛庐阅读"App，
"扫一扫"获取本书更多精彩内容。
ISBN 978-7-300-23755-8

《管理工作的本质》（经典版）

◎ 亨利·明茨伯格的知名著作，也是经理角色管理学派早前出版的经典著作，奠定了明茨伯格极具影响力的管理大师地位。

◎ 亨利·明茨伯格对管理工作的观察与研究，迄今无人能超过，其提出的"管理者的十大工作角色"已成为领导学研究的基础。

使用"湛庐阅读"App，
"扫一扫"获取本书更多精彩内容。
ISBN 978-7-213-07795-1

《沃伦·本尼斯经典四部曲》

◎ 《领导者》（纪念版）是本尼斯最负盛名之作，确定其在领导力领域的权威地位。

◎ 《成为领导者》（纪念版）被德鲁克誉为"是沃伦·本尼斯最有影响力的一本书！"

◎ 《七个天才团队的故事》（纪念版）通过研究美国历史上七个具有持久影响力的团队，总结出伟大团队的15条经验，对于从事颠覆式技术创业的创业团队尤有启发。

◎ 《经营梦想》（纪念版）汇集本尼斯30年研究精选，收录其全部领导力论著精华。

使用"湛庐阅读"App，
"扫一扫"获取本书更多精彩内容。
ISBN 978-7-213-07718-0